MEMOIRE
en Images

BÉTHUNE

Bazar du Peuple. - BÉTHUNE

Il serait bien hasardeux aujourd'hui de vouloir se rendre au Bazar du Peuple, 5 rue d'Arras, même si ce magasin se situait entre la pharmacie et le porche sous lequel on accède à la rue des Charitables. La poésie n'était pas absente dans les dénominations de voies : rue de l'Argent Perdu, rue des Arts, ruelle des Dames, ruelle des Croissants, cour de l'Ecu d'Artois, chemin du Prieur, allée de la Rose. Quant à la rue des Hauts-Panneaux, l'allée des Jardins, l'allée des Soupirs, ne nous y trompons pas, ces noms existent toujours.

MEMOIRE
en Images

BÉTHUNE

Gérard Leclercq

ALAN
SUTTON

Dans la même collection

Département du Pas-de-Calais

Arques
Arras
Bapaume et son canton
Berck-sur-Mer
Boulogne-sur-Mer
Boulonnais (le circuit du)
Brebières et ses environs
Calais I
Calais II
Côte d'Opale (la)
Desvres et son canton I
Desvres et son canton II
Divion et son canton
Ecourt-Saint-Quentin
 dans la vallée de la Sensée
Etaples
Guînes et son canton
Haut-Pays (le) - Les cantons de Lumbres, Fauquembergues, Hucqueliers et Fruges
Houdain et son canton
Le Touquet-Paris-Plage
Liévin
Marquise (le pays de)
Montreuil-sur-Mer et la vallée de la Course
Neufchâtel-Hardelot
Samer (le pays de)
Saint-Pol-sur-Ternoise et sa région
Terre des Deux Caps et l'arrière-pays (la)
Wimereux
Wimille et la vallée du Wimereux
Wingles

De nombreux ouvrages ont été publiés dans les autres départements français.
Un catalogue de plus de 1 200 titres est disponible sur simple demande
auprès de votre libraire ou aux Editions Alan Sutton.

Editions Alan Sutton
8, rue du Docteur Ramon
37540 Saint-Cyr-sur-Loire

Première édition octobre 2005

ISBN 2-84910-278-4

ISSN 1355-5723

Dépôt légal : octobre 2005
Imprimé en Grande-Bretagne par Oaklands Book Services Limited, Gloucestershire

Sommaire

L'hôtel du Nord, qui n'a pas survécu à la première guerre mondiale, était l'une des maisons les plus remarquables de la Grand'Place de Béthune. Bien que présentant quelque similitude avec les maisons de la place d'Arras, lesquelles appartiennent plutôt au genre flamand, notre édifice rappelle les lignes pures de l'architecture espagnole. La façade est très ornementée. La partie supérieure comporte des fenêtres ornées de style Renaissance. Les pignons sont pourvus de lucarnes aux décorations du genre espagnol.

Introduction

Centre d'une châtellenie assez importante pour conserver une relative indépendance à l'égard de son puissant suzerain, le comte de la Marche française des Flandres, Béthune a offert de bonne heure, à la population avoisinante, la protection de sa position dominante par rapport à la plaine. L'abbaye de Saint-Vaast a confié à ses seigneurs la défense de ses droits, leur conférant ainsi une richesse et une puissance accrues. Les aînés de cette dynastie se transmettaient le prénom de Robert. A la mort de Robert VII en 1248, sa fille unique, qui avait épousé le comte de Flandre Guy de Dampierre, apporta à celui-ci son immense domaine. Leur fils fut comte de Flandre sous le nom de Robert VIII de Béthune. Le nom de famille fut perpétué dans diverses branches cadettes auxquelles appartiennent Sully, le grand ministre d'Henri IV et le prince de Béthune-Hesdigneul.

Comme les autres châtelains, les Béthune s'étaient assuré le concours des collégiales de clercs. L'une, Saint-Barthélemy, resta jusqu'en 1790 le grand établissement religieux de la ville ; l'autre, fondée vers 1040, fut transformée en abbaye filiale arrouaise vers 1150. On a conservé le souvenir de terribles incendies en 1137 et 1176, et de la peste de 1188 à laquelle est attachée la fondation de la confrérie des Charitables. Robert VII est connu pour une campagne sous forme de croisade contre les derniers païens frisons en 1233.

Robert VII avait fait reconstruire le château qui fut assiégé et pris lors de la première révolte de Gui Ier de Flandre en 1297. La seigneurie fut alors donnée en gage à la couronne. Elle fut cédée à la comtesse d'Artois en 1311 et ne rentra dans le domaine des comtes de Flandre que comme dépendance domaniale de l'Artois. Béthune résista victorieusement à une attaque des villes flamandes alliées aux Anglais en 1346 et en fut récompensée par l'autorisation de construire le beffroi, symbole des libertés communales, qui fut désormais sa parure.

La réunion du comté de Namur aux Etats bourguignons en 1448 rétablit Béthune dans le domaine comtal d'Artois. Cette période fut marquée par un nouvel incendie en 1447, un resserrement de la ville qui fit rentrer l'église paroissiale de Saint-Vaast dans l'enceinte fortifiée en 1537, et l'entrée solennelle de Charles Quint en 1540, à laquelle les 19 confréries participantes purent apprécier leur importance relative, celles des porteurs au marché, de la draperie et du bâtiment comptant pour les deux tiers.

Les fondations religieuses qui marquent la Contre-Réforme ont eu aussi leur importance à Béthune : réorganisation de l'ancien hôpital en 1475, création d'écoles en 1579 et de couvents.

La ville rentre dans le domaine français en 1645. Prise en 1710, elle n'est restituée que par la paix d'Utrecht en 1713 à la joie de la population libérée qui brûla sur place, potences et guérites hollandaises.

Un voyage solennel de Napoléon en 1810, la révolte des conscrits réfractaires de Fruchard en 1813 qui motiva une double exécution à Béthune, le passage de la garde royale en avril 1815, achevèrent sa petite histoire. La prospérité croissante de l'arrondissement, à partir de 1850, amena les mêmes modernisations hâtives que dans le reste du département et acheva l'œuvre destructrice des parures artistiques accumulées depuis huit siècles, que le goût classique et la Révolution avaient successivement avancée.

L'attaque allemande, en avril 1918, allait porter des dévastations totales au cœur de la cité. La reconstruction y a été rapide et courageuse avec un agréable accent d'originalité. Durant la seconde guerre mondiale, les bombardements aériens ciblés sur les gares atteignirent 500 immeubles à Béthune même.

Le bourg fortifié au XIIe siècle sur 25 hectares s'ouvrait par cinq portes : cet espace restreint abrita jusqu'en 1870 la majorité de sa population : 4 225 habitants.

Un événement considérable pour Béthune fut certainement le démantèlement de ses fortifications. A l'entrée de la place du Jeu de Paume (place Foch), près de la fontaine, fut placée l'inscription suivante : « *Le 5 juillet 1870, à sept heures du matin, le premier coup de pioche pour le démantèlement de la place de Béthune fut donné à cet endroit par monsieur Dellisse-Engrand, maire de la ville, au son des cloches du beffroi.* » Charles Dellisse-Engrand, le maire, resta dans la mémoire collective « le démolisseur ».

Aujourd'hui, Béthune conserve dans son centre ancien, reconstruit après 1919, le charme d'une ville moyenne à la mesure de l'homme.

Découvrons-la.

1

Le tour de la ville

L'étymologie du mot « Béthune » est assez vague. Ce nom évoque un enclos entouré de haies, *Bei Thun* en germanique. Les premières fortifications, de la première moitié du Xe siècle, furent établies pour résister aux incursions des Flamands. De 1226 à 1238, l'enceinte et les fossés furent renforcés par les soins de Robert VII. A cette époque, les fortifications se composaient de grosses tours reliées par des murailles précédées de fossés : il subsiste le bastion Saint-Ignace, près du théâtre.

Symbole de l'histoire médiévale et contemporaine de Béthune, le beffroi surplombe la ville. Situé sur la Grand'Place, il est le centre géographique, politique, historique, culturel et affectif de la ville. Il est aussi un point d'observation idéal pour scruter la campagne environnante et prévenir du danger. Il incarne, au nom de l'histoire, les franchises communales de la ville, ces libertés coutumières octroyées aux bourgeois par les comtes d'Artois.

Le premier beffroi en bois fut construit en 1346, pour être ensuite rebâti en 1388, tout en gros grès tirés du sol même de la région. Tour de guet pour prévenir la population, il mesurait 30 mètres de haut, reposant sur quatre contreforts solidement assis sur la roche. Le campanile, orné d'un dragon doré, vient compléter la tour en 1503. La belle salle de garde au premier étage est surmontée du logis des guetteurs. La halle aux Draps, disparue en 1664, ne fut pas reconstruite. L'échevinage vendit les terrains aux particuliers qui construisirent des échoppes ceinturant le beffroi.

Du haut de la tour de l'église, comme sur le chemin de ronde du beffroi, un panorama exceptionnel de 40 kilomètres alentour s'étend au pied de la ville. C'est de ces endroits que les guetteurs, de jour comme de nuit, sont chargés de signaler les incendies et l'approche des troupes. L'usage qui consiste à tirer d'une corne, tous les quarts d'heure, des sons prolongés qui se répercutaient lugubrement dans le silence de la nuit, a été supprimé en 1865.

Sur une des faces du beffroi venait s'appuyer la halle aux Draps, que l'on pouvait rejoindre en passant sous l'arcade Est. A partir du XVIIIe siècle, l'échevinage vend à des particuliers les terrains autour du beffroi pour y construire des habitations privées. Ces maisons qui lui sont accolées protégeront sa structure du XIVe siècle lors des bombardements de mai 1918. Le beffroi fait 47 m de haut, il compte 133 marches et son carillon 35 cloches.

La Grand'Place ou place d'Armes fait 110 mètres de longueur pour 80 mètres de largeur. Eugène Béghin faisait remarquer en 1898 *« qu'elle serait remarquable si elle n'était pas obstruée par un massif de maisons dont quelques-unes sont suspendues par des ancres à notre antique beffroi »*. Qu'aurait-il dit si le projet de l'architecte Cordonnier, en 1919, établissant un hôtel de ville autour du beffroi, à l'emplacement même du groupe de maisons accolées à ce dernier, avait été mis à exécution ?

Sous le sol de la Grand'Place se trouvent des caves dont les plus anciennes datent au moins du XIVe siècle et que les propriétaires ont été autorisés à creuser à la condition de les prêter en cas de siège pour le logement des habitants. En 1850, seules deux maisons n'avaient pas un usage commercial sur la Grand'Place : l'hôtel occupé par Jacques-François Bouton d'Agnères, avocat et premier échevin, et la maison à l'entrée de la rue du Collège (rue Pad) habitée par François-Joseph Bouton, avocat et échevin de la ville de Béthune.

A gauche de l'hôtel du Nord, une maison construite en 1718 et dont monsieur Légillon, avocat et maire de la ville, a fait l'acquisition, anciennement A l'Arbre d'Or. Celle immédiatement encore à gauche portait l'enseigne Au Grand Turc. A gauche toujours, la rue du Collège (rue Pad), auparavant Froide-Rue car exposée au vent du nord, puis rue des Jésuites, les jésuites venant de l'abbaye de Chocques.

Les sapeurs-pompiers avaient leur entrepôt place des Sapeurs-Pompiers, à l'entrée de l'impasse de la Basse-Ville, une place aux dimensions tellement exiguës qu'elle passe inaperçue sur la photo. De la place de Lille, depuis le démantèlement, la perspective est agréable : on découvre la gare, le collège, l'ancien couvent des Jésuites, les écoles de dessin et de musique, le gymnase, le magasin des pompes à incendie, ancien magasin de l'artillerie converti en oratoire protestant pendant l'occupation hollandaise.

La muraille formant l'enceinte de la ville, appelée Mur d'Escarpe, était de 950 toises, non compris le château. Elle était percée par quatre entrées de ville défendues par des tours, œuvres du XIIIe siècle. La porte des Fers, puis porte d'Arras, se trouvait entre les deux tours figurées près de la tour Constantin. Ces deux tours, rasées au niveau du sol en 1792, furent reconstruites en 1825. Ornée des armes de la maison de Béthune, la porte ouvrait à hauteur de la rue d'Arras, côté place Clemenceau.

La porte Saint-André, puis du Carnier, reconstruite en 1495, a été supprimée et remplacée en 1588 par la porte Neuve. Lors de la démolition des fortifications, les deux tours de la porte du Carnier, noyées dans les terres du rempart élevé en 1588, ont été retrouvées. Sur le bastion du rempart existait, au XVIIe siècle, un moulin à vent pour moudre le blé appartenant à la ville. La porte Neuve, ou porte d'Aire, qui ouvrait au rond-point du stade municipal, était précédée de deux viaducs, l'un de 18 mètres, l'autre de 72 mètres, avec ponts-levis.

La porte de la Vigne, puis porte du Rivage, a été reconstruite en 1558 sous Philippe II, roi d'Espagne. Le bastion du Rivage, comme les autres bastions, est l'œuvre de Charles Quint. La porte du Rivage ouvrait à l'extrémité de la rue Albert Ier, côté place de la République. Le bas de l'assiette reproduite ici est consacré aux armoiries de la ville adoptées en 1703 et confirmées par une délibération du conseil municipal en 1813.

Il résulte de l'inscription gravée sur le fronton de l'arcade de la porte Saint-Pry, que la tour qui défendait cette entrée de ville a été construite en 1361 et qu'on lui avait donné le nom de porte du Vivier, nom du marécage qui la baignait. Conformément aux clauses de la capitulation, la porte Saint-Pry fut livrée aux Hollandais le 29 août 1710. La porte démolie en 1872, ses matériaux ont servi aux soubassements de l'église d'Annezin, reconstruite alors.

Les octrois sont ces petites maisons octogonales que l'on trouvait près des portes de la ville. Les représentants de cette administration municipale étaient aussi présents à l'abattoir, à la gare et à Annezin. Ils collectaient des taxes indirectes et locales sur certains objets de consommation pour subvenir aux dépenses à la charge de la commune. Par les lois du 28 avril 1816 et du 16 juillet 1837, le conseil municipal désigne les objets à imposer : les taxes sont fixées ainsi que les limites de leur perception.

L'octroi, qui seul subvenait aux besoins de la ville de Béthune depuis que l'Etat s'était emparé de ses biens en 1793, s'élevait, fin XIXe siècle, à 120 000 francs. Anciennement, il ne concernait que l'eau-de-vie, le vin et la bière forte. Il y avait aussi, au bout de la vieille rue du Rabat, sur l'antique Lawe, l'ancien péage : une solide maison d'octroi fluvial qui a vu, depuis le XVIe siècle, passer les armées en guerre qui ont griffonné sur ses murs.

Après l'hôtel de Beaulaincourt, le comte de Marles fit construire, en 1770, l'hôtel du marquis de Baynast de Sept-Fontaines. Au style Louis XV, il joignit le toit peu élevé, caché par un balustre couronnant l'édifice, du même genre que le Trianon. Les armes qui surmontent la porte principale sont celles des Gènevières et des Beaulaincourt. Début XIXe siècle, on a ajouté le corps de bâtiment ayant une entrée place du 73e Régiment se faisant par une porte cochère décorée des armes des familles de Baynast de Sept-Fontaines et des Essars.

Le prieuré du Perroy et l'église qui en dépendait datent de 1145. Le prieuré fut souvent dévasté par les gens de guerre. Les dames ursulines d'Arras en ont fait l'acquisition en 1869, l'ont agrandi considérablement et y ont établi une succursale de leur communauté pour l'éducation des demoiselles : elles y tiennent également une école publique et gratuite pour l'instruction des enfants pauvres.

Classé Monument historique depuis 1974, l'hôtel de Beaulaincourt reste le seul hôtel particulier du XVIIIe siècle. Construit en 1753, sur cour fermée, en pierre blanche avec décor de rocaille et soubassement de grès, il fut confisqué au comte de Marles de Beaulaincourt à la Révolution pour être utilisé comme tribunal révolutionnaire. Ancien tribunal de grande instance jusqu'en 1930, l'édifice abrite le service patrimoine. Ses magnifiques salles boisées et caves servent de lieu d'exposition.

L'esplanade, ou place du Jeu de Paume (place Foch), a été aménagée au début du XIXe siècle sur l'emplacement de l'antique château fort des seigneurs de Béthune. Les découvertes faites pendant la démolition des fortifications ont apporté la preuve que l'origine de ce château fort date de l'occupation de notre pays par les Romains. Cette forteresse formait un quadrilatère flanqué d'une grosse tour à chaque angle. Une courtine, précédée d'un fossé plein d'eau sur lequel s'abaissait un pont-levis, la défendait du côté de la ville.

2
Les rues de Béthune

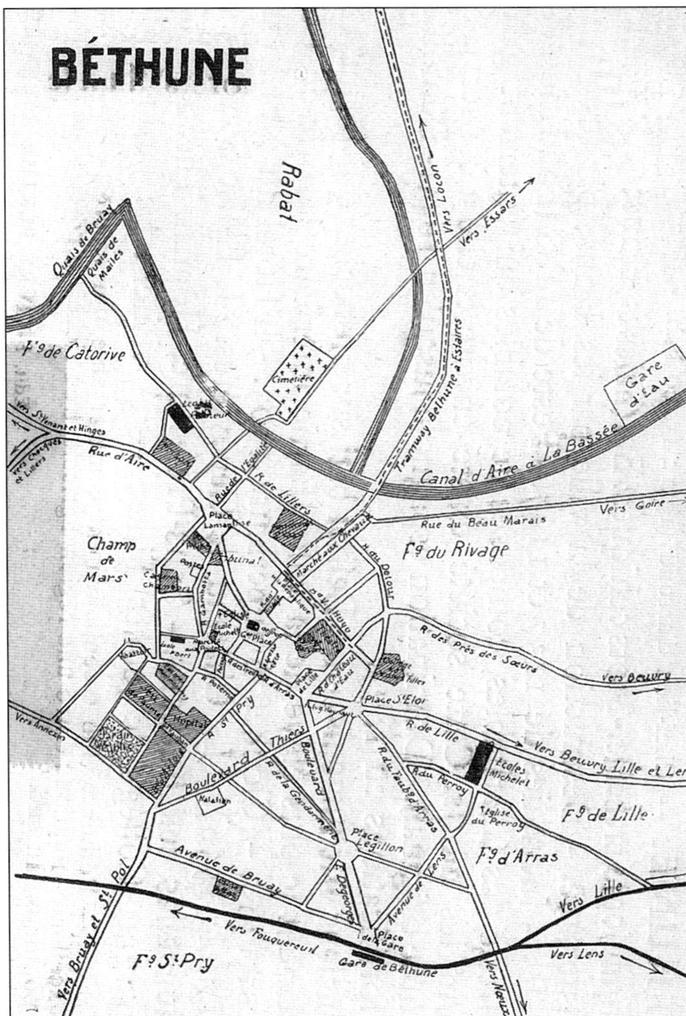

Par décret en date du 30 avril 1867, Béthune cesse d'être une ville de guerre pour devenir une ville ouverte. C'est alors que ses murailles, qui ont si longtemps concentré et comme paralysé l'activité de son commerce, vont tomber. Les remparts et leurs portes détruits sans discernement dans les années 1870, les rues ont pu se prolonger aux abords de la campagne ou des marais. Les terrains composant les fortifications ont été vendus soit à la ville qui y trace des boulevards, soit aux particuliers qui y bâtissent.

Frédéric Degeorges, journaliste, fils d'une Béthunoise dont le mari était officier, est né en Westphalie en 1797. Libéral, hostile à la politique autoritaire de Charles X, il est accusé de soutenir le mouvement Carbonari et est condamné à mort par contumace. Il s'exile à Londres, fonde le journal *le Propagateur du Pas-de-Calais* devenu en 1836 *le Progrès du Pas-de-Calais*. Sa mort, en 1854, décapite la presse d'opposition départementale.

Le 28 décembre 1919, Béthune accueille le président de la République Raymond Poincaré. Le cortège défile, à la sortie de la gare, par le boulevard Frédéric Degeorges qui deviendra Poincaré. Ce boulevard avait été tracé en 1895 pour relier la nouvelle gare au centre-ville distant d'un kilomètre. Il avait déjà sa salle de cinéma en 1913 avec le cinéma Pathé qui devint le Caméo-Palace en 1931.

Sur la place de Lille (place Clemenceau), à l'angle de la rue Zola, la caserne des pompiers. Normal donc qu'à côté le café s'appelle Au Petit Sapeur. Avant 1815, la ville ne possédait qu'une pompe à incendie desservie par huit citoyens soldés. En 1823, la ville ayant fait l'acquisition d'une deuxième pompe, le nombre de pompiers s'éleva à 70. L'effectif en 1900 (170 hommes) gère 6 pompes dont 2 aspirantes et foulantes, achetées en 1863. Le 27 juillet 1924, le nouvel hôtel des pompiers, rue Herriot, est inauguré, et une fête est organisée en l'honneur des sapeurs-pompiers de l'arrondissement.

La rue d'Arras s'appelait autrefois rue des Fers, du vieux mot *Fouare* ou *Feurre*, par corruption fer, qui veut dire paille. Aujourd'hui, deux façades restent caractéristiques : celles des librairies Beuvry-Berthe et Levaast confectionnées avec les carreaux de faïence provenant de la céramique Foubert, faubourg Saint-Pry à Béthune. Hier, une très curieuse maison au n° 23, de style Louis XIII à tendance espagnole, et une autre au n° 32, le cabaret Saint-Eloi à l'enseigne représentant les attributs de saint Eloi.

Dans la rue d'Arras aboutissaient la rue Serrée, la rue des Charitables, la ruelle des Dames, la rue des Arts, l'impasse Saint-Hubert, l'impasse de la Basse-Ville.
C'est près de la porte d'Arras que les fondateurs de la confrérie des Charitables de Saint-Eloi avaient fait construire, sur un terrain faisant partie du domaine seigneurial, la chapelle de Saint-Eloi.

La chambre de la confrérie se trouve dans la rue des Charitables, dans l'axe de la rue Saint-Pry. Les abords de la porte d'Arras furent, le 24 mars 1815, le théâtre de l'acte de courage du duc de Berry qui s'interposa entre deux troupes de soldats prêts à en venir aux mains, leur disant ces paroles mémorables : *« Soldats, ne tirez pas, nous sommes tous français. »*

Pendant la Révolution, la rue Saint-Pry a porté le nom de rue de la Liberté. Auparavant, en 1448, la rue Saint-Pry portait encore le nom de rue du Vivier, du nom du marécage qui baignait ladite porte. Le cinéma Le Familia, qui a ouvert ses portes le 27 septembre 1931, a aujourd'hui disparu.

Visitons aussi le château de la Folie, au faubourg Saint-Pry. Cette demeure aux proportions restreintes avait été construite en 1730. Le faubourg Saint-Pry a été le siège d'activités diverses : magasin de bois, malterie, saline et fabrique de pannes.

Rue des Treilles, plutôt rue de la Treille, du nom d'une hôtellerie où il y avait une vigne sur treillis et qui existait déjà du temps de Philippe de Valois. Une ordonnance des échevins de 1347, en ce qui concerne le marché au verjus, dit que cette boisson devra se fabriquer publiquement sur le marché même, qu'elle devra être salée suffisamment au broc et fait défense spéciale de l'additionner d'eau.

La rue des Treilles communique avec la Grand'Place par les rues de la Grosse Tête et du Pot d'Etain, ainsi que par le passage couvert de la mairie. Le nom de la rue du Pot d'Etain rappelle l'enseigne d'une très ancienne maison de commerce. Peut-être un roman d'amour se cache-t-il sous la dénomination ancienne de l'Engannerie (séduction, tromperie) à laquelle a succédé celle de rue de la Grosse Tête lui venant de l'enseigne d'une auberge existant encore au XVIIe siècle.

Après le 24 juin 1894 et l'assassinat du président de la République Sadi Carnot, Béthune s'associe publiquement au deuil de toute la France. Le mardi 3 juillet, un service funèbre est célébré dans l'église Saint-Vaast, somptueusement décorée avec le concours de la Musique du 73e régiment, en présence de monsieur Légillon, maire, de la municipalité, des corps constitués, du colonel du 73e et des autorités de la ville.

Dès le conseil municipal du 10 juillet, il fut décidé de rebaptiser la rue Saint-Vaast rue Sadi Carnot. Cette décision, loin d'être imposée, a été soumise à la population. Les habitants de la rue Saint-Vaast avaient même fait circuler une pétition pour que leur rue soit rebaptisée du nom de l'ancien président. En fait donc, Sadi Carnot n'a rien à voir avec l'histoire locale. La rue comportait de très belles demeures : le domaine du marquis de Longast, la maison du comte de Marles, l'hôtel de Verquigneul et l'hôtel du baron d'Hinges.

Béthune — La Rue du Rivage

Cette rue, auparavant rue de la Vigne, prit le nom du Rivage (rue Albert Ier) car elle venait baigner le pied des glacis en avant de la porte du Rivage. C'est cette rue qui possédait, avant 1914, la plus ancienne maison de la ville avec inscription de la date de sa construction : 1634. Elle était du style Louis XIII, avec sa façade ornée d'une niche. Bien plus tard, en octobre 1913, le cinéma L'Idéal Ciné-Béthunois ouvre sous la direction de monsieur Foulon.

Un coin du vieux Béthune

Ce coin du vieux Béthune nous dévoile la cour ou ruelle de la Vierge. Une Vierge se trouvait dans le fond de la cour, au bord de la carte postale donc. La ruelle de la Vierge était l'une des nombreuses ruelles qui, partant de la Grand'Place, aboutissaient à la rue du Rivage (Albert Ier) par la ruelle des Croissants. Le vieux Béthune, c'est aussi la rue de la Délivrance, qui fut rue des Rosiaux, celle des vanniers qui allaient se fournir en roseaux aux marais proches et les faisaient sécher sur le trottoir où s'ouvraient les caves dans lesquelles ils travaillaient.

Le 22 septembre 1921, en l'honneur de monsieur Loucheur, ministre des Régions libérées, une réception est organisée par la municipalité et monsieur Outrebon, président de la Coopérative de reconstruction de Béthune. Il est reçu dans un baraquement qui sert de salle de délibération à la mairie provisoire après la guerre, place de la République. Nombre de personnes relogées bénéficièrent plus tard de la loi Loucheur. A deux pas de la place, la rue Ponnelle, qui doit son nom à un professeur au collège de Béthune qui fut maire de 1925 à 1935.

Sur la place aboutissaient les ruelles du Bar de Mer, des Trois Serpents et de la Vierge, communiquant toutes trois avec la rue du Rivage (rue Albert Ier) par la ruelle des Croissants, la ruelle de l'Etoile, l'impasse du Cerf et l'impasse des Jésuites. Pendant la période de la reconstruction, en 1919-1927, la place de la République accueillit la quasi-totalité des services administratifs et d'enseignement, dans des locaux provisoires.

Le boulevard Victor Hugo honore un homme moderne en 1870, exilé par Napoléon III et de retour après la chute de l'empereur. Il est rare qu'une ville célèbre ainsi un homme public de son vivant. Le cinéma des Familles est inauguré le 26 novembre 1920. Après restauration en avril 1925, il devint le Béthune-Palace. De 1926 à 1939, les Conférences littéraires y ont accueilli les maîtres de la pensée française. De cinq à sept conférences avaient annuellement lieu.

La place Lamartine, par sa situation et ses dimensions, était parfaitement disposée pour les expositions du comice agricole du lundi de Pentecôte, ainsi que pour l'installation, en temps de foire, des cirques et autres établissements forains qui demandent un vaste emplacement. Sur la carte, on n'aperçoit pas de réverbère. Pourtant, depuis 1851, l'éclairage au gaz des rues de Béthune remplace l'ancien système à l'huile.

Après s'être successivement appelé Goutonrive, Gotonrive, Gotourive et enfin, au XVIe siècle, Gotorive, le vieux faubourg prit le nom de Catorive. On y accède par la rue Pasteur. Le faubourg de Catorive, au nord de la ville, est le lieu de naissance de la cité. Au temple dédié à la Vierge Marie succéda une église que le seigneur de Béthune, Herman, fit bâtir en 940 sous le patronage de saint Vaast et entourer de murailles pour la protéger contre les entreprises des Normands.

Le chemin Vert, anciennement Grande avenue des Marais d'Annezin, actuellement avenue du Pont des Dames, est une des promenades les plus agréables de la ville. Vers 1760, la ville fit reconstruire le pont du Moulin et prolonger cette avenue vers le faubourg Saint-Pry par une large voie percée à travers son grand marais communal, l'avenue du Moulin (avenue Sully). Le pont des Dames qui mettait en communication le chemin Vert et le faubourg d'Aire a disparu avec le démantèlement de la place.

La place Saint-Eloi est un endroit stratégique, lieu d'embranchement du boulevard Thiers (Moulin), des rues du Détour (Berthelot), des Houches (Renan), du Perroy (de la Chapelle), des Prés des Sœurs (Gauthier), de Lille et du faubourg d'Arras. De mars 1794 à 1802, on a enterré les morts de la ville dans le champ à l'angle de la route d'Arras et de la rue des Houches (Renan).

La rue Eugène Haynaut était la rue des Postes depuis 1871, date de sa création. Haynaut, médecin très dévoué, avait fait ses études à Béthune et à Paris avant de s'établir à Béthune où il devint chirurgien en chef de l'hôpital. Il fut successivement maire en 1888, conseiller général et député. Il mourut en 1891. Le 21 février 1892, ses amis politiques firent élever sur sa tombe un monument orné de son buste en bronze et, le 8 novembre 1892, le conseil municipal a décidé de donner son nom à la rue des Postes où il demeurait.

Le boulevard Thiers (Jean Moulin) date d'après le démantèlement de 1870. Aussi, dès sa construction, l'avenue est plus large que les autres artères. Citons les principaux bâtiments, en descendant le boulevard à partir de la place Saint-Eloi : l'hôtel des Gobelins, l'Avenir de l'Artois, les bains douches, disparus, l'école de natation, disparue, les Etablissements Chartiez et fils, le Service des travaux de la ville, présent avant 1930.

Le trajet du tramway Béthune-Estaires, dans sa deuxième version, empruntait la rue Benoîte Vincent pour remonter le boulevard Jean Moulin. Longtemps après la suppression du tramway *La Maria*, les rails subsistèrent ainsi que les traverses de la voie du tram qui constituaient la clôture du terrain vague à l'angle de la rue Benoîte Vincent et du boulevard Jean Moulin.

La rue de Lille, anciennement faubourg de Lille, était une rue très artisanale et commerçante. Se côtoyaient un vaste magasin au tabac en feuilles, une distillerie, une fonderie, des ateliers de machines industrielles et agricoles, des marbreries, cordonnerie et tannerie. Trois potences étaient anciennement établies à l'extrémité du faubourg de Lille pour l'exécution des criminels condamnés à être pendus.

La kermesse du faubourg de Lille a lieu en septembre, le dimanche suivant la Saint-Mathieu. C'est le jour où les confréries des Charitables de Béthune et de Beuvry se rendent en procession à la chapelle érigée à Quinty, pour célébrer l'anniversaire de la fondation de leurs sociétés.

Le quartier du Perroy et la rue Michelet cultivent le paradoxe social. En 1850 encore, la dominante était le prieuré, la chapelle, le pèlerinage à Notre-Dame du Perroy, le béguinage et la seigneurie du Perroy. Après 1850, c'est une vaste agglomération de population ouvrière. Michelet n'est pas en reste. Historien, ses cours au Collège de France furent par deux fois suspendus en raison de ses opinions libérales. Dans son *Histoire de France* et *Histoire de la Révolution*, le souffle épique l'emporte sur l'exactitude historique.

Le faubourg d'Arras accueillait en 1900 des activités déjà très diverses : une ancienne sucrerie à laquelle est annexée une importante scierie mécanique de bois, une brasserie, une tannerie, une fabrique de pannes, des chaufours, des magasins de bois, plusieurs marbreries. Le cinéma L'Excelsior Gaumont est ouvert dans le faubourg le 30 janvier 1920.

L'avenue de Lens n'a pas d'histoire, c'est une avenue moderne en 1900. Elle est née suite au passage du chemin de fer et à la construction de la gare après 1860. C'est après 1919 que les commerçants s'y installèrent, pas très nombreux d'ailleurs. Citons un marchand d'automobiles, W. Smith au n° 91, Baye et Pénin, scierie mécanique au 133, Aglave, librairie au 102, Au Planteur de Caïffa au 128. A noter l'existence de la rue de Lens dans la cité des Cheminots.

La place du Marché aux Chevaux s'étale de la place de la République au quai du Rivage, ancien emplacement du canal. Elle commençait donc à la bascule publique du bureau central d'octroi, emplacement actuel de la poste, et se terminait à la gare de Béthune-Rivage où monsieur Rohart vous invitait, en 1910, à prendre le train pour Lille. Entre les deux, douze estaminets, le café-hôtel Evin du Paon d'Or, le restaurant Jouvence-Somville, plusieurs commerçants grossistes tels Courcol vins, Marien Epicerie, Dupont grains, Dubuisson vins…

50 BÉTHUNE. — *L'Allée des Marronniers.* - LL.

Dans cette allée des Marronniers, la rivière entretient la plus douce fraîcheur et les arbres qui l'ombragent forment un dôme que le soleil ne pourrait percer. Le chemin Vert communiquait avec le faubourg de la Porte Neuve (faubourg d'Aire) par le pont des Dames, lequel donnait accès à un sentier longeant la Lawe et le filet des Fontaines.

Edit. Darras-Dufrenoy

Béthune. — Avenue du Banquet réformiste et Abattoir

En juillet 1847, le gouvernement orléaniste voit naître une nouvelle forme d'agitation : celle des banquets. Cette « campagne des banquets » qui s'étend à la province concerne Béthune ce 14 novembre 1847. La municipalité n'y est pas favorable. Les 450 membres souscripteurs du banquet réformiste de Béthune furent accueillis par Félix-Hubert Barthier dans son château d'Annezin. Paradoxalement, c'est à Béthune et non à Annezin que se trouve la rue du Banquet Réformiste. La construction d'un abattoir public a été mise en adjudication le 21 octobre 1823.

96 BÉTHUNE – La Rue d'Arras – The Arras Street. – LL
A. Fauchois, Béthune

Lorsqu'on considère la régularité et la propreté de nos rues dès la fin du XIXe siècle, on se fait difficilement une idée de ce qu'elles étaient anciennement. Les rues étaient étroites et tortueuses, les maisons couvertes en *esteulles* dans la construction desquelles entraient pour beaucoup le bois et l'argile, matériaux facilement inflammables entraînant de fréquents incendies.
Les maisons furent reconstruites en pierres et briques et couvertes en *thieulles lattées de quesne*.

BÉTHUNE. — Un coin de la place Pétain.

Entre les deux guerres, l'ancienne place d'Armes, la Grand'Place, prit la dénomination de place Pétain. Le maréchal de France procéda le 6 mai 1923, dans la cour des grandes du collège de jeunes filles, à la remise de la croix de la Légion d'honneur. La fête de l'union des officiers de réserve se déroula en sa présence, avec la participation de la Musique du 43e régiment.

3
Les institutions de la ville

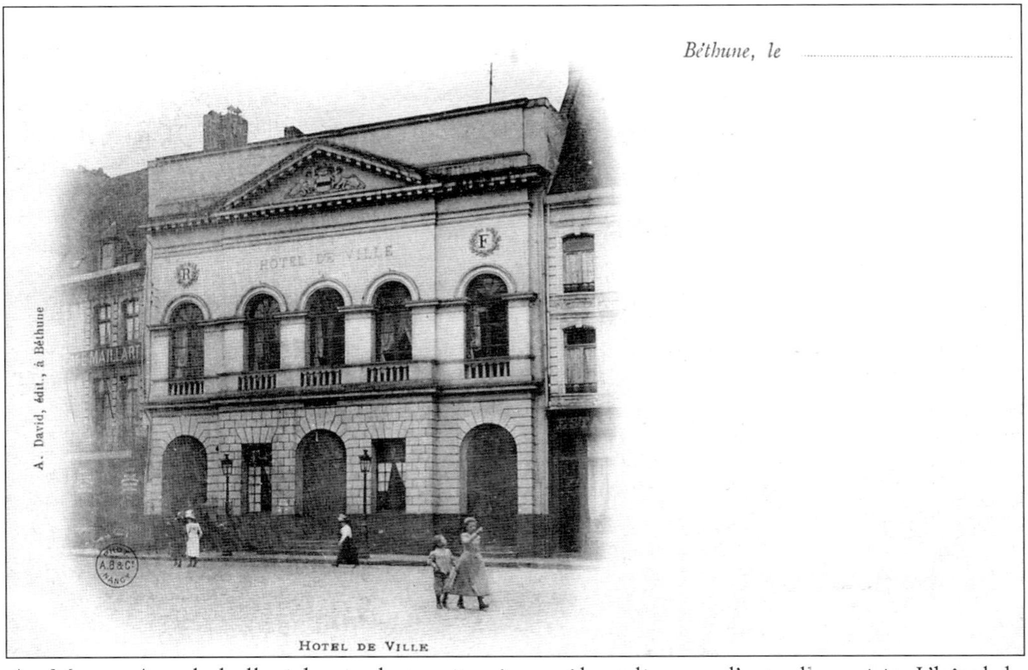

Au Moyen Age, la halle échevinale tenait mêmes rôle et lieu que l'actuelle mairie. L'hôtel de ville a été rebâti et modifié à diverses époques : de l'ancienne halle échevinale incendiée en 1137 et 1447 et démolie au début du XIXe siècle, il ne restait qu'une salle voûtée avec nervures située à l'étage. La première pierre de cet hôtel de ville fut placée en grande solennité le 5 octobre 1811 par monsieur Delalleau, maire.

Les 22 et 29 avril 1928, la Chambre des députés adopte une nouvelle loi électorale. La représentation proportionnelle est abandonnée et l'on revient au scrutin uninominal à deux tours avec des circonscriptions élargies. Monsieur Appourchaux, Union républicaine et démocratique, est élu au 2e tour pour les cantons de Béthune et Cambrin, puis réélu en 1932. Il repit sa profession d'avocat en 1936.

Dès 1924, la reconstruction de l'hôtel de ville est soumise à concours. En décembre 1925, 11 projets sont déposés. L'actuel hôtel de ville a été dessiné par l'architecte Alleman. L'édifice se démarque des autres habitations par sa forme massive, sa façade résume les titres et les gloires de la cité : Croix de guerre, Légion d'honneur et armes de la ville. Lors de l'inauguration, le 7 avril 1929, une distribution de viande est faite aux familles nécessiteuses. Le lendemain, les festivités sont marquées par un festival de concerts en six points de la ville et un feu d'artifice est tiré place de Lille.

Béthune est sous-préfecture depuis 1790. L'hôtel de la sous-préfecture a été édifié en 1822 dans la rue Gambetta, anciennement rue des Grands Becquereaux (les becquereaux sont des becs en pierre pour l'écoulement des eaux pluviales).
A cette époque, le sous-préfet avait installé ses bureaux place Saint-Vaast au n° 5.

Malgré des dépenses considérables et l'acquisition faite en 1869 de deux maisons pour libérer les bureaux et ainsi agrandir le logement du sous-préfet, l'on n'a obtenu qu'une construction sombre, sans règle ni architecture. En 1909, la sous-préfecture quitte la rue Gambetta pour la place Lamartine.

Le tribunal était installé dans l'hôtel du comte de Marles, un superbe hôtel Louis XV. La grande rosace du plafond de la salle d'audience et la balustrade en fer forgé de l'escalier, réservé aux juges, attiraient déjà l'attention du visiteur. Cet édifice fut affecté en 1795 aux séances du tribunal correctionnel puis fut siège du tribunal de première instance dès 1800. Il occupa l'hôtel de Marles de Beaulaincourt jusqu'en 1930.

La loi du 28 pluviôse an VIII (17 février 1800) décrète Béthune comme une justice de paix parmi les huit de l'arrondissement. Initialement, la justice de paix se trouvait dans l'immeuble du palais de justice, rue du Tribunal. On la trouvera ensuite au marché au Poisson (place Senis) puis à l'angle de la rue du Collège (rue Pad). Le juge de paix disposait de deux suppléants, d'un greffier et d'un huissier-audiencier. Il y avait une audience simple police et une audience civile.

Le nouveau palais de justice est réalisé en 1927. Son architecture est représentative de l'entre-deux-guerres. Les sculptures présentes aujourd'hui devant le palais ont été installées à la fin des années quatre-vingt-dix. Appelées « *feuilles blanches pour la Justice* », elles sont révélatrices du climat qui touche l'institution judiciaire. On est loin de 1700, quand le grand bailli est autorisé à sonner la grosse cloche du beffroi pendant les exécutions à mort, usage qui a été suivi pendant 120 ans.

Aujourd'hui, la compagnie des CRS, rue Barbusse… Hier, la compagnie d'artillerie de la garde nationale béthunoise qui était la plus belle de l'arrondissement. Le 28 janvier 1852, jour de son désarmement, son effectif réel était de 120 hommes. 24 d'entre eux venaient de faire partie du détachement envoyé en juin 1848 au secours de la capitale sous le commandement de monsieur Bouton d'Agnières, leur capitaine et membre du conseil municipal. En juin 1938, la caserne des gardes mobiles est achevée.

En 1871, Béthune est l'une des huit casernes de gendarmerie de l'arrondissement. En 1895, il y avait deux brigades à Béthune. En 1914, l'une des brigades est à cheval. La caserne, installée rue de la Gendarmerie (rue Dunant), est achetée en 1869 par la ville qui la loue au département pour le logement de la gendarmerie. Les travaux de construction de la nouvelle gendarmerie, rue d'Aire, sur l'emplacement de l'ancienne manutention, ont commencé en juin 1938. Un souterrain relie la gendarmerie à la prison édifiée en 1891.

Le verdict de la cour d'assises de Saint-Omer est sans appel : les quatre membres de la bande Pollet sont condamnés à mort. Le 11 janvier 1909, monsieur Deibler dresse la guillotine près de la prison de Béthune, sur le large trottoir. A 3 heures, les gendarmes prennent leur poste. Dans les jardins faisant face à l'emplacement désigné pour la guillotine, on a installé des bancs et des échelles dont les places furent louées cher. Il y a 6 000 curieux au total. A 13 h 02, Deibler quitte Béthune pour retourner à Paris après avoir dîné à l'hôtel du Nord et envoyé à sa famille une carte postale : *« Je viens d'exécuter les quatre frères Pollet. »*

En 1873, le conseil municipal sollicite l'installation d'une chambre de commerce, demande appuyée par le conseil général. Le 8 novembre 1887, la chambre de commerce est créée par décret et les premières élections ont lieu le 11 janvier 1888. Elle a joué un rôle en 1914-1918 dans l'émission de coupures et la répartition des vivres. L'hôtel consulaire a été inauguré en août 1929. De style Renaissance flamande, il comprend de belles salles richement meublées.

En 1912, la Banque de France a un bureau auxiliaire à Béthune. Durant la guerre, pour faciliter les relations commerciales, les chambres de commerce de Saint-Omer, Béthune et Boulogne ont émis des billets de 0,50 franc, 1 franc et 2 francs. Onze personnalités constituaient en 1925 le conseil d'administration dont monsieur Outrebon, industriel, monsieur Dewynter, brasseur, et Hanicotte, fabricant de meubles. Face à la Banque de France, il y avait encore en 1980 le commissariat de police. Au XIXe siècle, le premier poste de police cohabitait avec le logement du concierge, à la mairie.

Le premier bureau de poste béthunois date de 1700. Dès 1850, il y a deux levées et deux départs pour Arras, Paris et le reste de la France. Le 8 octobre 1861 fut ouvert le bureau de la ligne télégraphique, passant par Saint-Pol. Douze fils permettaient de transmettre les dépêches dans toutes les directions. La poste aux lettres passe en 1864 sous la responsabilité du receveur des postes. Le téléphone a été mis en service à Béthune le 10 janvier 1896.

Le bureau de poste a été d'abord installé rue de l'Esplanade (rue Boutleux), rue d'Arras en 1860, rue des Treilles en 1866, rue des Tanneurs (rue du Tir) en 1873 et rue Haynaut en 1880. En 1909, le bureau de poste quitte la rue Haynaut pour la rue Gambetta où il s'installe dans les locaux de l'ancienne sous-préfecture. Une nouvelle poste est construite sur le terrain de l'ancienne caserne, La Feuillade, place Saint-Vaast, et occupée en octobre 1928. La Caisse d'épargne, reconstruite en 1924 sur la Grand'Place, a fêté en 1934 son centième anniversaire.

4
Les moyens de transport

En 1860, l'établissement de la gare du chemin de fer du Nord, section dite des Houillères dans la vallée des Houches, entre les faubourgs Saint-Pry et d'Arras, a fait surgir *ex nihilo* toute une ville du milieu des marécages. Il y règne alors et désormais la plus grande activité. La ligne de chemin de fer Lille-Paris est ouverte en 1846 et Lille-Calais en 1848.

7 BÉTHUNE. — La Place de la Gare. — LL.

Une grande amélioration des transports se fait avec l'ouverture du chemin de fer Béthune-Hazebrouck. Jusque-là, et après encore d'ailleurs, on voyageait par route en voitures à cheval, avec services réguliers mais peu fréquents et toujours soumis aux aventures des chemins peu carrossables : l'hiver on pataugeait dans la boue et l'été on était asphyxié par la poussière.

BÉTHUNE — La Gare

L. Darras, éditeur

La gare de Béthune a été ouverte à la télégraphie privée dès 1871. La seule salle d'attente a été reconstruite et agrandie en 1895. La gare permettait de s'embarquer pour Arras et Saint-Pol et voyait transiter le charbon extrait par les compagnies minières. Pour Lille, le départ se faisait au nord de la ville, près du canal à la station Béthune Rivage, à l'ancienne gare de Lille. Plus tard, un passage en tranchée dans la colline qui porte Béthune et Beuvry a été aménagé pour la voie vers Lille.

La gare a connu une intense activité durant la première guerre mondiale. En 1921, le trafic de la gare était le suivant : petite vitesse avec 13 500 wagons à l'expédition et 35 500 wagons à la réception, grande vitesse avec 460 000 billets voyageurs, 59 000 colis au départ, 155 000 colis à l'arrivée. En octobre 1933, une Micheline assure la liaison Béthune-Lille. Le trafic, à cette date, s'est fortement amplifié.

Le 1er janvier 1938, l'exploitation des lignes d'intérêt général est confiée à la SNCF, société d'économie mixte, mi-publique, mi-privée. A cette date, la source d'énergie pour la traction demeure la vapeur : on compte alors, en France, 17 142 locomotives à vapeur, 751 électriques, 10 à moteur diesel. La gare actuelle de Béthune assure tout le trafic, tandis que celle du Canal a été transformée en ateliers pour les trains.

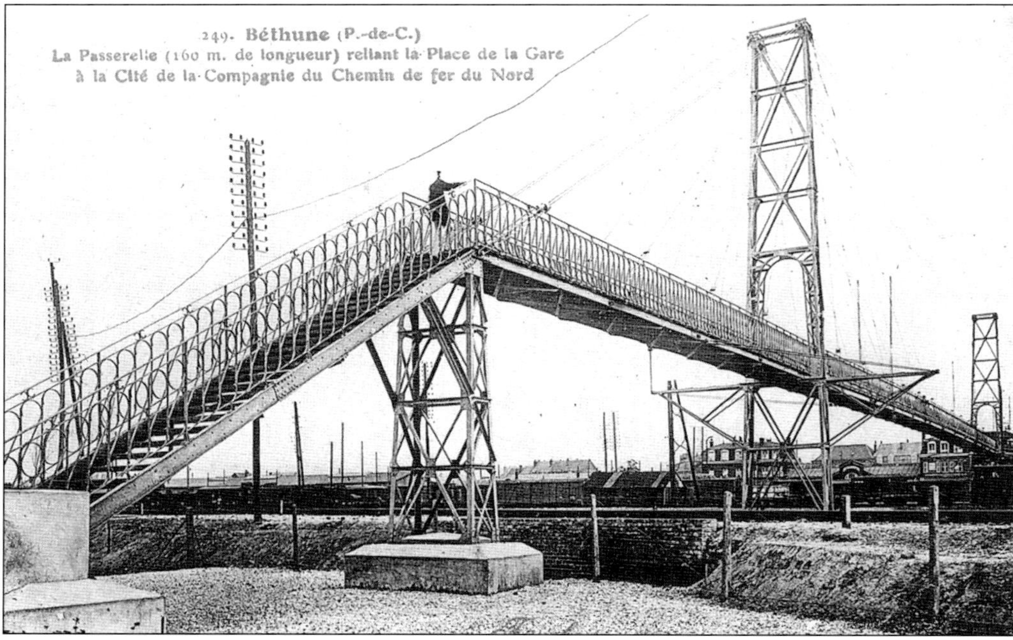

La place de la Gare communique avec le faubourg Saint-Pry par le chemin de la Gare (avenue Maréchal Juin) et avec les faubourgs d'Arras et de Lille par l'ancienne avenue de la Gare (avenue de Lens). La passerelle du chemin de fer, qui enjambe l'ensemble des voies, permet aux piétons de se rendre dans la cité des Cheminots.

La construction du foyer des agents cheminots, derrière la ligne ferrée, est un exemple du volet social développé par la compagnie. Il faut aussi mettre en avant la solidarité matérialisée par la pose, le 18 juin 1922, dans le hall de la gare, d'une plaque *« A la mémoire des agents morts pour la France en 14-18 - Région de Béthune »* qui perpétue le souvenir des 30 cheminots tués à leur poste dans la gare, sur les voies ou dans les trains.

Dès la fin de la première guerre mondiale, la Compagnie des chemins de fer du Nord s'évertue à loger ses employés. Des maisons en bois fleurissent à la hâte, permettant l'inauguration de la cité des Cheminots le 26 septembre 1920. Dès 1928, les maisons sont construites en matériaux traditionnels. L'école de natation est ouverte le 8 octobre 1933. Cette cité-jardin est considérée comme une des plus belles réalisations de l'époque…

… avec des jardins, des maisons bien espacées, des équipements collectifs (école, piscine en plein air, terrain de sport), un volet associatif (coopérative alimentaire, harmonie, club sportif), le tout géré par un conseil dans lequel siègent des représentants des habitants. Les deux écoles, garçons et filles, avaient pour nom la Cité de la Paix.

Mac-Mahon, sans toutefois sortir des quais, Poincaré, Pétain ou de Gaulle, à diverses époques, ont connu cette gare de Béthune qui a vu stationner pendant la première guerre mondiale les autobus parisiens réquisitionnés dans la région et les autobus londoniens réaménagés pour les transports de troupes avant d'être groupés sur la Grand'Place.

En 1890, les pouvoirs publics français décident que tous les chefs-lieux de canton, sans exception, doivent être desservis par la voie ferrée. Ainsi, jusqu'en 1914, quelque 22 000 km de chemin de fer d'intérêt local, à voie étroite, sont construits sur des plateformes indépendantes ou sur le bord des chaussées routières. Dès 1892, un tramway reliant Béthune à la Halte Nord de Lestrem est réclamé par les municipalités du bas-pays de Béthune.

Le projet de tramway à traction électrique Houdain-Bruay-Béthune est envisagé dès 1898 pour établir la correspondance avec les Chemins de fer du Nord. Le programme d'exécution d'une ligne de 13 217 mètres et de concessions est déposé par Théodore Fresson. La subdivision de Fresson pour l'exploitation des lignes de tramway de l'Artois est approuvée par décret du 30 novembre 1898. En novembre 1899, le ministre des Travaux publics autorise la mise à l'enquête d'utilité publique.

— 4149 —

BETHUNE - BRUAY - HOUDAIN

BULLETIN DES LOIS

DE LA RÉPUBLIQUE FRANÇAISE.

N° 3034.

RÉPUBLIQUE FRANÇAISE.

2294. — DÉCRET *déclarant d'utilité publique l'établissement d'une ligne de Tramway entre Béthune, Bruay et Houdain (Pas-de-Calais).*

Du 1er Décembre 1908.

(Promulgué au *Journal officiel* du 6 décembre 1908.)

LE PRÉSIDENT DE LA RÉPUBLIQUE FRANÇAISE,

COMPAGNIE DES TRAMWAYS DE L'ARTOIS

DIRECTION

BÉTHUNE (Pas-de-Calais)

TÉLÉPHONE : 13

N°

Ne traiter qu'un seul objet dans la même lettre

Béthune, le 1er juin 1909.

1 JUIN 1909 Reg Tx N° 2022 EXPLOITATION

Monsieur l'Ingénieur en Chef,

J'ai l'honneur de vous demander de vouloir bien m'indiquer le jour que vous pourrez me recevoir pour vous entretenir du dossier de la conférence sur le projet d'établissement de la ligne de Béthune à Houdain dans la partie où elle emprunte une surface de vos emprises.

La compagnie s'engage à mettre en service la ligne Béthune-Bruay-Houdain à partir du passage à niveau du faubourg Saint-Pry le 1er juin 1911. Mais Fresson décède le 26 octobre 1900. Des terrains furent néanmoins acquis après expropriations. Des subventions furent votées par les municipalités concernées et le matériel roulant fut affecté. Mais la guerre est arrivée et le projet ne fut jamais réalisé.

Le tramway à vapeur de Béthune à Estaires passant par Locon et Lestrem a été créé par décret du 12 mars 1897. Il relie à Estaires le Chemin de fer du Nord à celui de Berguette à Armentières. Le tracé de ce train dit la *Maria* commence à la gare d'Artois érigée sur un terrain proche de la compagnie du chemin de fer. Par décret du 5 mai 1899, la voie emprunte le boulevard Degeorges (boulevard Poincaré), la rue du Château d'Eau (rue du 11 Novembre), le boulevard Victor Hugo, la rue du Quai (rue Ponnelle)…

… la rue de Lillers (rue Doumer) et place du Marché aux Vaches (place Joffre). Trop sinueux dans sa première version, et afin de desservir le quai du canal avec un embranchement, un nouveau tracé est réalisé après la première guerre mondiale et emprunte le boulevard Degeorges, la rue de la Gendarmerie (rue B. Vincent), le boulevard Thiers (boulevard Jean Moulin), la rue du Détour (rue Berthelot) et la place du Marché. Au Rivage, la ligne est raccordée à la voie fluviale.

LOCON. - Croisement de Tramways

Edition Boulinguez, Brasme

Dans les stations intermédiaires, les « correspondants » sont les tenanciers d'estaminets tenus d'installer un local à usage de salle d'attente au fond de leur café. Les haltes sont signalées par un poteau indicateur et des embranchements particuliers sont créés pour faciliter l'acheminement des marchandises. Deux convois circulent en même temps, partant des stations extrêmes et se rencontrent à Locon ou à La Fosse Lestrem. La vitesse commerciale de 13 km/h est une véritable prouesse.

31 – BETHUNE (P.-de-C.) - La Gare – The Station

Edition Fauchois, Béthune - Reprod. interd.

Remise en état, la *Maria* passa le cap de la première guerre mondiale mais fut victime du développement de l'automobile, des autobus et des taxis déjà présents sur la place de la Gare. L'exploitation de la *Maria* expire le 31 décembre 1932. Les Béthunois qui, indifférents, regardent passer le tacot, s'y sont intéressés à l'instant où il allait disparaître. C'est pourquoi un comité se forma et, à midi, la *Maria* chargea un nombre inusité de voyageurs invités à ce dernier voyage. Ce fut la fête le long du parcours.

A la *Maria*, les voyageurs préfèrent des moyens de transport plus souples, qui vont dans toutes les directions. Béthune recense, en 1925, près de 200 voitures parmi les 6 000 qui circulent dans le département. On compte même quelques locations de taxis chez Couhez, place Morel, Laurent, avenue de Lens, et Legris, boulevard Degeorges.

Les firmes automobiles entrent très vite en concurrence et créent des agences en province. En 1912, une agence Renault ouvre chez Victor Bonnière ; en 1914, les automobiles Zèbre sont présentes chez Albert Lebeau, place de la Gare, et proposent une carrosserie de luxe torpédo, 4 cylindres, 2 places, pneumatiques Michelin, au prix de 4 000 francs.

A gauche l'hôtel Bernard, à droite les Autobus Artésiens, à la gare routière. En 1920, le service des transports en commun est assuré sur le trajet Bruay-Béthune par quelques exploitants. Les Autobus Artésiens sont créés en 1922. En 1923, le service est amélioré avec l'instauration de départs fixes, l'installation de succursales à Bruay et Auchel et par l'organisation d'excursions.

En 1925, l'automobile se développe, il faut en vendre, en louer ou les réparer. Marcel de Broutelles crée Automator, accessoires automobiles, 7 rue du faubourg d'Arras et 14 place Marmottan, puis Automonor, fourniture d'accessoires et pièces détachées pour automobiles Berliet, 3 place Saint-Eloi.

Les meetings d'aviation avaient lieu à Labuissière-Hesdigneul au lieu-dit Champ de Courses, sur un terrain vaste, bien dégagé et offrant toute facilité d'approche. En juillet 1933, une société de tourisme aérien, l'Aéro-club de Béthune, est créée. Le 18 mai 1935, Maryse Bastié est accueillie à sa descente d'avion par le sous-préfet et le directeur de l'aviation civile au ministère de l'Air. L'aéroport est inauguré le 26 mai 1935 par le général Denain, ministre de l'Air.

L'aéroport a été créé sur l'initiative de la chambre de commerce de Béthune. Il comprend le terrain d'atterrissage d'une superficie de 70 hectares, une principale ligne d'envol de 1 200 mètres, un parc à voitures, un hangar d'avions, une aérogare permettant la surveillance de toute l'aire d'atterrissage ainsi qu'une salle de conférences. Le 28 juin 1936, un meeting avec les as de l'acrobatie aérienne est marqué par une tragédie : un Caudron Renault s'abat au décollage, faisant trois morts.

Depuis longtemps, les Etats d'Artois s'étaient préoccupés de l'urgence de ce canal d'Aire à La Bassée, réunissant la Haute-Deûle à la Lys-sous-Aire, et concédé à une compagnie par la loi du 14 août 1822. Le quai du canal d'Aire à La Bassée, dans le quartier du Rivage, a été creusé en 1825.

Le quai du canal, à l'emplacement de la place de Gaulle, face au cimetière. Le port sert de trait d'union entre les voies navigables et la route. L'entre-deux-guerres vit l'installation d'un portique de 10 tonnes qui se déplace sur rails sur un quai de 300 mètres de longueur, d'une grue électrique de 3 tonnes utilisée pour la manutention des marchandises, d'un transporteur de grains permettant l'absorption à l'allure de 20 tonnes à l'heure.

Dès 1871, la Compagnie des Mines de Bruay commence les travaux de creusement d'un « rivage » à Béthune, avec un chemin de fer le desservant. En 1875, cette gare d'eau est achevée. Dès 1876, le chargement des péniches se fait mécaniquement grâce à deux culbuteurs hydrauliques mis au point par un ingénieur de Bruay, monsieur Fougerat.

Le décret du 28 juin 1880 déclare les travaux d'amélioration du canal d'utilité publique. Ces travaux sont achevés en 1884. A cette date, des bateaux de 38,50 mètres de long, calant 1,80 mètres et portant 300 tonnes, peuvent y circuler librement. En 1912, la compagnie de Bruay a expédié 843 600 tonnes de charbon par eau.

Les quais d'embarquement avec embranchement sur le canal d'Aire à La Bassée, établis par les compagnies des Houillères de Bruay et de Marles, vers 1890, vont donner une nouvelle vie au quartier de Catorive et en faire un centre ouvrier important. Le dépôt de charbon des mines de Bruay est pourvu d'un chemin de fer qui met en communication directe Béthune avec Bruay.

L'arrondissement est traversé d'ouest en est par le canal d'Aire, prolongé par le canal de la Haute-Deûle. Le port de Béthune était, en 1950, le quatrième port fluvial de France et le premier port fluvial du département, son trafic voisinait 1,2 million de tonnes. Aussi l'office national de la navigation gérait-il une bourse et un bureau d'affrètement, rue du Halage le long du canal, faisant partie des plus importants de France.

Le canal d'Aire à La Bassée établit la communication avec les ports du littoral, les centres industriels de la région lilloise, Saint-Quentin et Paris. L'attente à la bourse d'affrètement, la régulation de l'importance du trafic et les pardons de la batellerie favorisaient le stationnement des péniches à la gare d'eau qui subsiste aujourd'hui sous la forme d'un parc de loisirs.

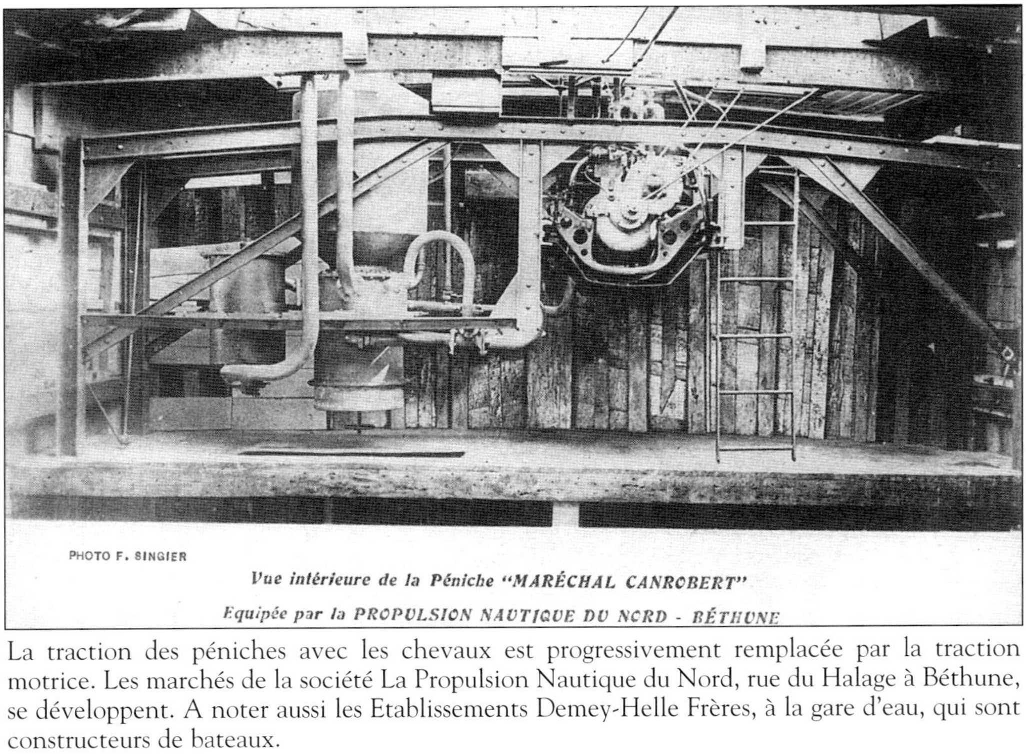

La traction des péniches avec les chevaux est progressivement remplacée par la traction motrice. Les marchés de la société La Propulsion Nautique du Nord, rue du Halage à Béthune, se développent. A noter aussi les Etablissements Demey-Helle Frères, à la gare d'eau, qui sont constructeurs de bateaux.

5
L'enseignement

Le collège des garçons de Béthune, médaille d'or à l'Exposition nationale et coloniale de Rouen. Il est vrai que le collège obtient tous les ans de très jolis et très nombreux succès dans tous les examens : baccalauréat, brevet supérieur, Institut industriel de Lille, Ecoles de commerce, Arts et Métiers, tabacs, domaines, chemin de fer, postes, contributions. Il était même possible de demander le prospectus et la liste des succès à monsieur Siomboing, principal du collège.

Le collège de Béthune, situé au centre d'un arrondissement riche et industriel, fort peuplé, est naturellement désigné pour être l'un des plus importants de l'académie. C'est le seul des collèges de France qui, dans les premières années du XXe siècle, ait obtenu trois nominations au concours général entre tous les lycées et collèges. Les nombreux succès obtenus aux examens du bac et aux divers concours attestent le mérite des professeurs et la solidité des études.

L'ancien parloir du collège communal datait de 1592. La rue du Collège (la rue Pad), bien qu'elle eût un accès sur le rempart, n'était qu'une impasse : le démantèlement de la ville lui a permis un débouché sur le boulevard Victor Hugo par la rue de l'Université nouvellement créée (rue Herriot). En 1898 est construite l'aile qui borde les jardins du théâtre. Durant la première guerre mondiale, le collège fut atteint plusieurs fois et les élèves qui restaient furent évacués à Bruay.

En 1906, l'établissement de mademoiselle Degez, un pensionnat de jeunes filles dans la rue de l'Esplanade (rue Boutleux), compte 220 élèves dont plus de 100 internes. La construction d'un nouveau collège est décidée par la ville, rue Marcelin Berthelot, cet établissement est ouvert en 1910 et inauguré en 1911. La ville compte alors deux collèges garçons et filles.

Les deux collèges, garçons et filles, furent transformés en lycées en 1949. 1960 vit la construction du nouveau lycée de jeunes filles, rue Jean Macé. Jusqu'au milieu du XIXe siècle, l'enseignement des filles reste limité : seules les nobles et les bourgeoises ont accès à l'instruction. En 1850, la loi Falloux oblige les communes de plus de 800 habitants à ouvrir une école de filles. En 1867, la loi s'étend aux communes de plus de 500 habitants.

Collège de Jeunes Filles, Béthune (P.-de-C). - Parloir

Mademoiselle Marlier fut la première directrice du collège des filles rue Berthelot en 1910. Le personnel s'est féminisé. L'établissement est réquisitionné pendant la guerre et transformé en hôpital mais, le 13 avril 1915, les cours reprennent dans une partie des locaux sous une pluie d'obus obligeant parfois élèves et enseignants à s'abriter dans les caves.

BÉTHUNE — Le Collège de Jeunes Filles avant la Guerre - Chambre d'Élève

En raison de ces bombardements incessants, la rentrée de 1915 n'eut pas lieu. En janvier 1916, la reprise des cours fut envisagée sous la direction de mademoiselle Leroux dans une maison de la place Lamartine. En octobre 1916, Béthune n'étant plus assez sûre, les cours sont transférés à Bruay. Le train des mineurs menait les élèves de Béthune à Bruay.

Suite à la démolition des remparts et à la vente de terrains qui s'ensuivit, le doyen Cornet acheta, en 1883, une parcelle située entre les rues Faidherbe, Ponnelle et Doumer pour édifier un patronage pour les garçons, puis une construction qui accueillit à la rentrée d'octobre 1887 30 élèves répartis de la 9e à la 6e. L'évêque d'Arras ne voulant pas donner le patronyme de Saint-Désiré, dénomination pourtant souhaitée, on se replia derrière le protecteur de la paroisse de Béthune : saint Vaast.

Saint-Vaast grandit, de 1888 avec la première pierre de l'institut actuel à 1912 avec la deuxième aile rue Ponnelle et la chapelle. Durant la guerre, Saint-Vaast accueillit 1 800 hommes des 73e et 23e régiments d'infanterie. La vie en 1916 à Béthune devient impossible sous les bombardements et, le 15 octobre, une péniche quitte le quai fluvial pour Aire où sont accueillis 130 pensionnaires en exil. De nouveaux bâtiments furent inaugurés le 2 juin 1937, suite à l'incendie du 27 février 1936.

Les femmes obtiennent le droit d'étudier la médecine en 1868, les lettres en 1871 et le droit en 1884. Alors que les filles accèdent aux diplômes universitaires, ce n'est qu'en 1919 qu'un baccalauréat féminin est créé. C'est dans ce contexte que s'ouvrent, en 1880, à Béthune, des cours d'enseignement secondaire féminin. Ils ont lieu dans l'ancien pensionnat de mademoiselle Boulanger dans la rue qui prit le nom de l'Esplanade (aujourd'hui rue Boutleux), depuis l'arrêté du 7 mars 1793.

Plus tard, certains cours eurent lieu place du Marché aux Poissons (place Senis). Créés sous l'impulsion de mademoiselle Degez (1853-1911), ces cours étaient d'abord dispensés par des professeurs masculins, alors que les enseignants du primaire étaient surtout des femmes. Le 17 mai 1907, le conseil municipal de Béthune, présidé par le maire Alfred Légillon, vote la transformation des cours secondaires en collège (Arras avait alors son collège féminin depuis un an).

Le 26 décembre 1908, ce conseil municipal, présidé par Jules Senis, maire, approuve les plans de la construction du nouveau collège par l'architecte Tiburce Degez, frère de la directrice, qui s'établira rue du Détour (rue Berthelot). Les travaux durèrent deux ans et, le 1er octobre 1910, les 200 élèves du collège prirent possession de leur nouvel établissement inauguré le 23 juillet 1911. Mademoiselle Degez décéda le 29 août 1911 après avoir accompli une œuvre admirable.

Le faubourg du Perroy formait une vaste agglomération de population ouvrière, pourvue d'une église nouvellement édifiée dans les dernières années du XIXe siècle. On y construit, en 1885, un groupe scolaire important avec un asile pour les jeunes enfants. L'école Michelet n'a pas été détruite durant la seconde guerre mondiale, ce qui n'est pas le cas des écoles Buisson et Ferry.

Encore en 1928, la plupart des bâtiments institutionnels, mairie comprise, étaient installés de façon provisoire sur la place de la République, le temps que les blessures de la guerre cicatrisent. C'était aussi le cas de l'école primaire Sévigné qui a été reconstruite sur l'emplacement de l'ancienne caserne Montmorency. L'école Sévigné a été inaugurée le 7 avril 1929. Près d'elle, l'école des garçons du Marais, construite en 1844 et laïcisée en 1880, s'appelle Paul Bert depuis 1907.

Les enfants savaient s'amuser à moindres frais. Les garçons jouaient aux gendarmes et aux voleurs, aux quatre coins, aux courses de brouette, aux courses au cerceau, au jeu de balle au chasseur, au jeu de saute-mouton, au jeu de la toupie, aux billes (*mappes* et *biscaïens*). Les filles jouaient à la marelle, au saut à la corde, à la poupée et à la maman. Les enfants de la maternelle de Sévigné bénéficiaient sur place des jouets que l'on peut observer.

Le très beau portail du XVIIIe siècle ouvre sur l'institution Saint-Dominique, ancienne Sainte-Jeanne d'Arc, où subsistent encore une belle cour et des bâtiments de pierre blanche, ancienne demeure seigneuriale de la même époque, à étages donnant sur un jardin. Les ursulines d'Arras ont pris possession des lieux en octobre 1869 et en furent chassées en 1902. L'établissement est alors devenu un orphelinat, situation favorisée par la séparation des Eglises et de l'Etat.

BÉTHUNE - INSTITUTION STE-JEANNE D'ARC Entrée

BÉTHUNE - INSTITUTION STE-JEANNE D'ARC Une classe

En 1936, les dominicaines ont transformé Sainte-Jeanne d'Arc en Saint-Dominique. La fusion Saint-Dominique et Saint-Vaast s'est opérée en 1970, avec d'un côté l'école et le collège, de l'autre l'école maternelle et le lycée ; la mixité s'est alors mise en place. Les dominicains ont quitté l'établissement en 1993, l'institution est depuis dirigée par des laïcs sous tutelle du diocèse. Le cloître a été fermé et vitré vers 1950.

L'instruction publique était apportée par l'enseignement officiel ou laïque et par l'enseignement privé ou libre. L'enseignement privé était assuré par l'institut Saint-Vaast, rue de Lillers (rue Doumer), le pensionnat Jeanne-d'Arc, rue Berthelot, l'école primaire Notre-Dame-de-Lourdes, rue du Tir (la photo), l'école maternelle rue d'Aire (ces deux dernières créées dans les années trente) et enfin l'école Saint-Christophe.

Les fêtes du centenaire du collège de Béthune se déroulèrent les 17 et 18 juin 1905. Elles ont été placées sous la présidence d'honneur de monsieur Bienvenu-Martin, ministre de l'Instruction publique, et sous la présidence effective de Jules Gautier, inspecteur général de l'université et chef du cabinet du ministre. Monsieur Gautier reçut les personnalités avant de s'adresser à la foule des invités, dans un discours fleuve.

6

La vie sanitaire et religieuse

Les hospices et petits hôpitaux ont toujours été légion à Béthune. On en veut pour preuve l'existence d'un hospice de pestiférés près du mont Sorel, à Catorive, en remplacement de celui du Perroy au XVIIe siècle. Durant la peste de 1625-1626, les malades furent tellement nombreux qu'il fallut construire des huttes pour y installer les pestiférés.

21. Béthune – Hôpital . Cour d'honneur

Au XIXe siècle, le nombre de médecins et de pharmaciens était nettement insuffisant, des gens mouraient sans avoir vu un médecin de leur vie. Chacun se débrouillait par ses propres moyens et les remèdes dits de « bonne femme » étaient très utilisés.

BÉTHUNE. - L'Hôpital

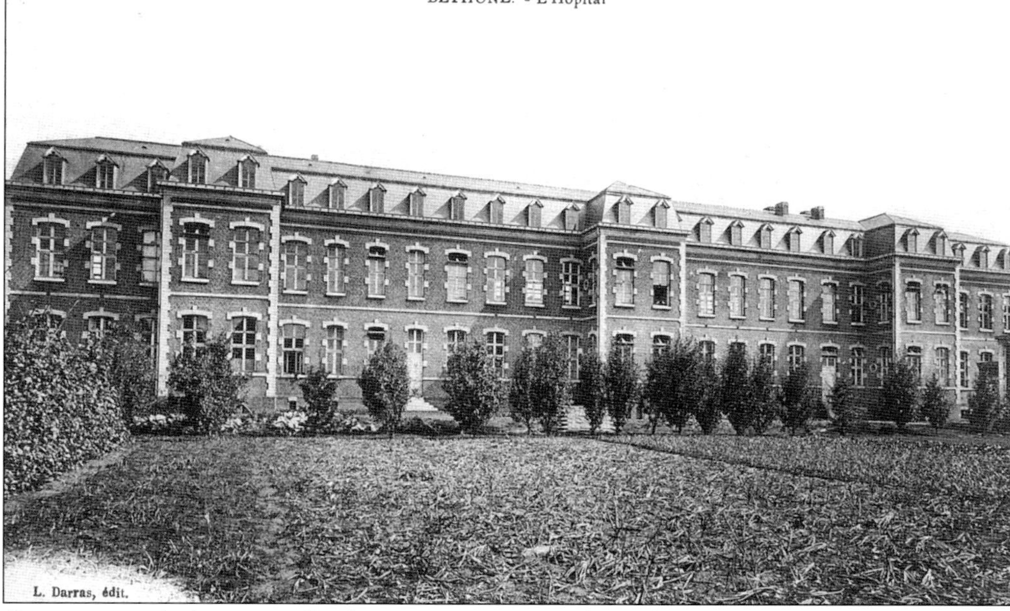

L. Darras, édit.

Cette époque-là fut aussi celle d'éminents savants et la médecine fit de spectaculaires progrès avec l'identification des bacilles responsables des infections, le dépistage et le traitement des maladies, la pratique de l'antisepsie, le développement de l'équipement sanitaire. Cinq pharmacies sont ouvertes à Béthune en 1895 : Boulinguez, Hanquelle, Savary, Wagon, Dalle rue d'Arras, puis Anssel en 1896.

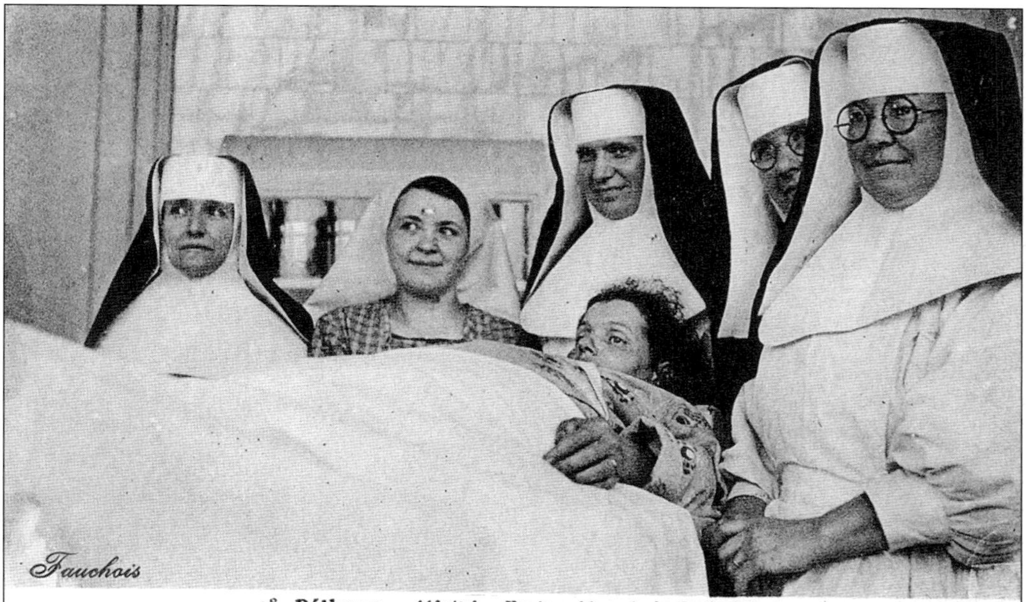

18. Béthune — Hôpital - Equipe chirurgicale Dr Quénée

Les principales maladies contagieuses sont la tuberculose, la typhoïde, le choléra, la rage, la variole. La mortalité infantile reste élevée, les femmes accouchent encore chez elles avec l'aide d'une sage-femme ou d'un médecin, seulement en cas de complications. En 1896, une épidémie de rougeole avec complication de pneumonie sévit dans notre arrondissement. En 1918, c'est la grippe espagnole qui frappe adultes et enfants.

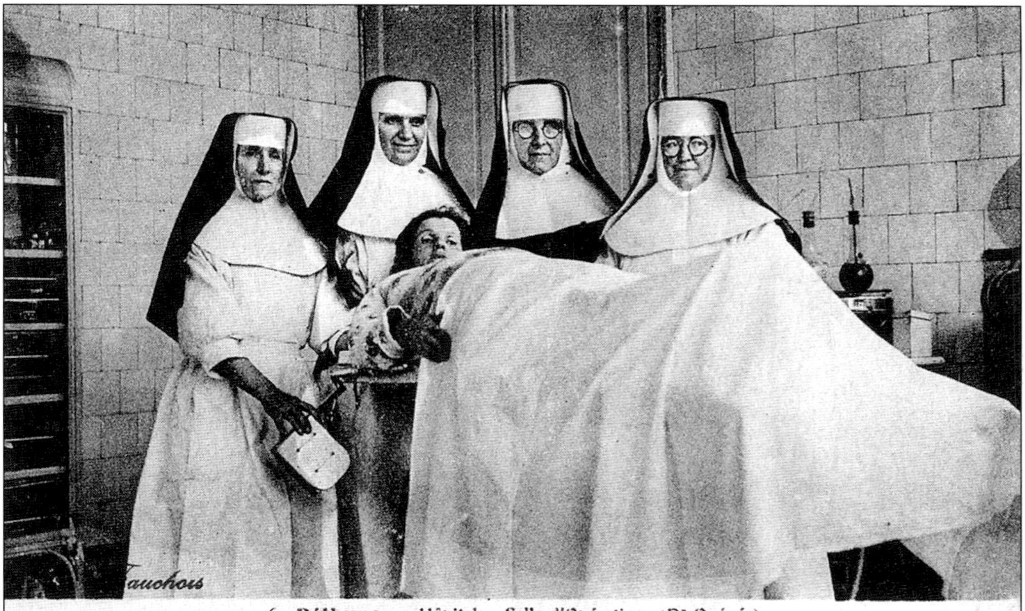

16. Béthune — Hôpital - Salle d'Opérations (Dr Quénée)

L'éducation sanitaire est enfin intégrée dans l'éducation générale. L'enseignement ménager comprend des cours d'hygiène pratique et d'hygiène infantile. Une conférence est organisée à Béthune en 1894 sur les microbes du lait, de l'air. En 1913, un repos de huit semaines est accordé aux femmes en couches. Depuis 1895, cinq médecins officient dans la cité : les docteurs Boutleux, Henseval, Leleu, Vauters, Fleury ; ils sont huit en 1915.

Les sœurs de Saint-François arrivent à Béthune au XVe siècle : « *Les sœurs qui sont chargées de recevoir, garder et substanter tous povres passans et repassans, venans audit hôpital, haittiés (bien portants) et malades de quelque maladie que ce soit…*

11. Béthune — Hôpital - Salle Sainte-Claire (Dr Quénée)

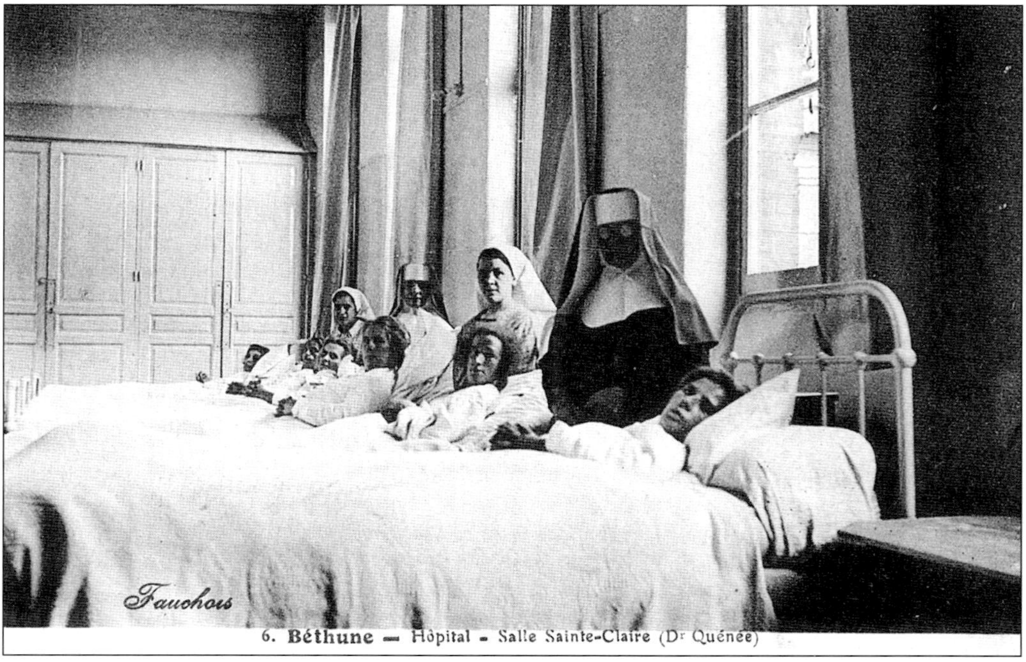

6. Béthune — Hôpital - Salle Sainte-Claire (Dr Quénée)

… elles seront tenues aussi à garder et visiter tous les malades en ville et en banlieue, de jour comme de nuit, à ensevelir et à porter en terre les morts qu'elles ont gardés de leur vivant. En compensation, elles seront nourries, logées et payées par l'administration hospitalière…

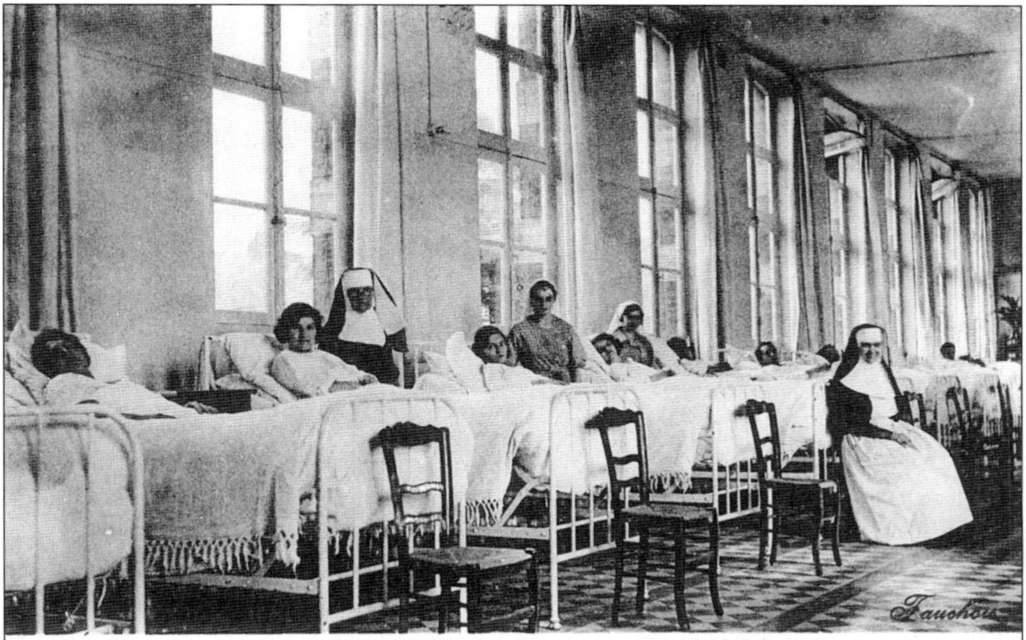

10. Béthune — Hôpital - Salle Sainte-Elisabeth (Dr Quénée)

… leur nombre ne devra pas dépasser treize. » Chassées de l'hôpital en 1792, les religieuses hospitalières sont réinstallées le 20 août 1808 au nombre de quatre. A partir de 1863, au lieu de soigner les malades à domicile, elles s'installent à l'hôpital et ce jusqu'en 1963.

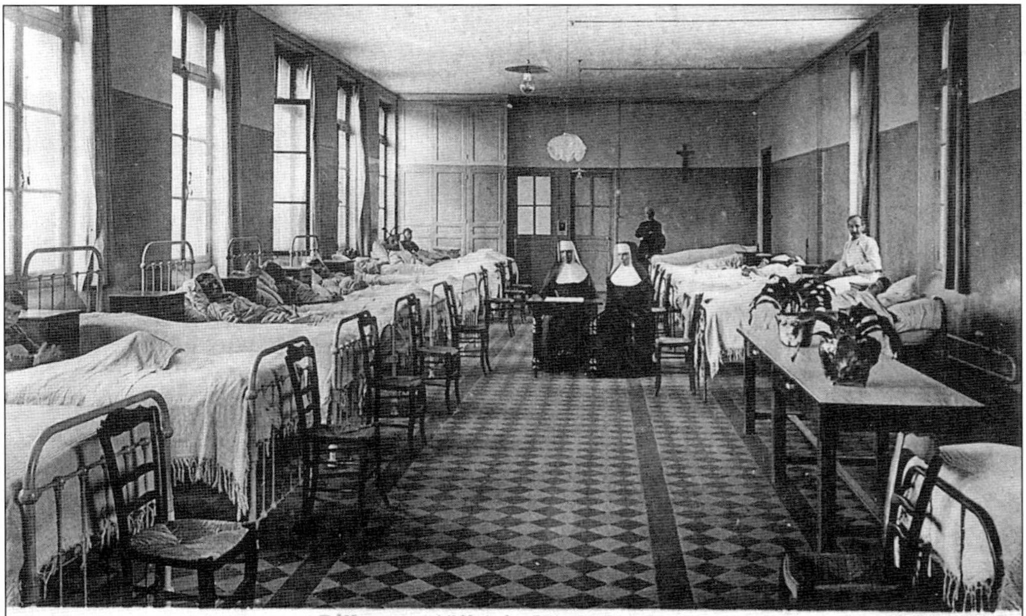

Béthune — L'Hôpital - Salle St-Edmond

Appartenant à l'ordre créé par Vincent de Paul au XVIIe siècle, les sœurs de la Charité étaient chargées de soigner les miséreux et d'apporter un soutien moral. En 1854, une Maison de la Charité est administrée par les hospices de la ville sur l'emplacement du couvent des Annonciades (dans le quartier délimité par les rues de la Délivrance et Fernand Bar). Elle ferme ses portes en 1954.

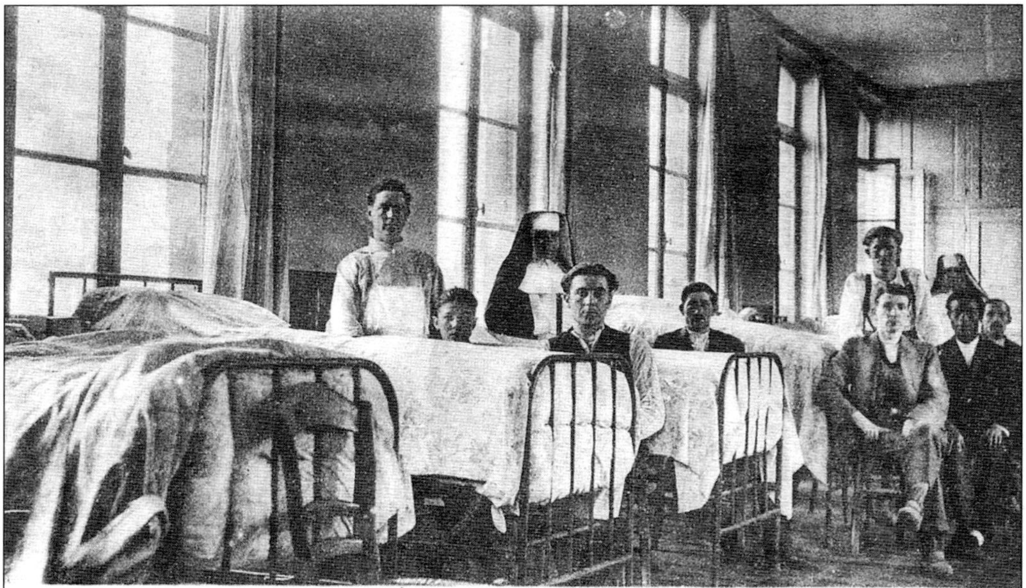
Hôpital de BÉTHUNE. - Saint-Georges (Dr. Quénée)

En 1928, deux Béthunoises, mesdames Honoré et Hennion, fondent une communauté de religieuses infirmières et gardes-malades sur Béthune. Un petit groupe de sœurs-infirmières à domicile de la congrégation de la Miséricorde s'installe donc. Aujourd'hui, il n'y a plus de sœurs-infirmières mais le centre de soins Jean Bazin existe toujours rue Paul Bert.

Cabinet dentaire de G. MARSAT
Docteur en Médecine
41, Boulevard Thiers, 41 -- BÉTHUNE
OUVERT : TOUS LES JOURS
EXCEPTÉ :

Dès 1800, les officiers de santé ont été autorisés à exercer la médecine, bien que n'ayant pas le diplôme de docteur. La loi du 30 novembre 1892 a arrêté leur promotion mais ceux qui exerçaient ont pu continuer leur activité. En 1895, on comptait quatre médecins dont monsieur Boutleux, huit en 1915. En 1909, deux chirurgiens-dentistes sont domiciliés à Béthune, monsieur Dhaine et monsieur Marsat qui effectuait des consultations dans un hôtel de Frévent.

BÉTHUNE. — *La Confrérie des Charitables de Saint-Eloi.*

Où se rencontrèrent, en 1188, Germon et Gautier, deux maréchaux-ferrants de Béthune et de Beuvry, lesquels. . fondèrent les Confréries Depuis cette époque et sans aucune interruption, les Charitables enterrent gratuitement les morts de ces communes.

Les Charitables constituent une confrérie, cette société n'a qu'un but : porter en terre gratuitement la dépouille mortelle des trépassés quels qu'ils soient. Les confrères en activité se divisent en deux « élections ». Chaque élection comprend deux mayeurs et huit confrères. L'un des confrères reçoit le titre de « chéri ». Les deux élections en activité sont dirigées par un prévôt. « *Exactitude, union, charité* » est la devise de cette confrérie fondée en 1188.

BÉTHUNE (P.-de-C.). — Confrérie des Charitables de St-Eloi, fondée en 1188. — A la suite d'une épidémie qui sévissait dans la région, la Confrérie, composée en partie des notables et commerçants de la ville, enterre ses concitoyens gratuitement. Voici le groupe au pied de leur monument commémoratif de la Source, près de la Chapelle de Quinty.

Chaque année en septembre, le dimanche qui suit la Saint-Mathieu, les Charitables célèbrent l'anniversaire de leur fondation avec ceux de Beuvry, établis à la même époque. Pendant qu'à Béthune les confrères se réunissent devant l'église Saint-Vaast, ceux de Beuvry se groupent devant leur église. Les deux cortèges se dirigent, chacun de son côté, vers la chapelle de Quinty, à la limite des deux communes, à l'endroit où jadis se rencontrèrent leurs fondateurs Germon et Gauthier.

Le cérémonial des funérailles à Béthune présente des particularités locales très curieuses, qu'on ne trouve pas ailleurs. Peu avant l'heure fixée pour le convoi, des messieurs, coiffés d'un bicorne noir sans ornement, arrivent. Ils sont vêtus d'un costume particulier : mantelet à large col plissé sur le dos, une cravate de cérémonie blanche sur un rabat bleu bordé de blanc : ce sont les Charitables. Que le défunt soit riche ou pauvre, le cérémonial est le même pour tous. Quatre confrères portent le corps, les autres suivent deux à deux. De distance en distance, les porteurs sont remplacés par quatre nouveaux confrères. Jamais la bière n'est posée à terre.

Cette cérémonie est connue sous le nom de « procession à Naviaux » parce que, autrefois, les Charitables, après la messe, s'asseyaient auprès de la chapelle et se partageaient des navets pris dans les champs voisins. Aujourd'hui, ce frugal repas est remplacé par un banquet où figure un plat de navets que l'art culinaire du traiteur a rendu plus digestes. Dans le médaillon de la carte, on trouve le gréborne qui, jusqu'à la Révolution, était près de la source de Quinty. Il a été un peu déplacé depuis.

Le 25 juin de chaque année, date où se célébrait autrefois la Saint-Eloi d'été, les Charitables vont encore à la messe chantée à leur autel particulier en l'église Saint-Vaast. Ils se dispersent ensuite pour faire la quête annuelle des « petits plombs » : ils vont dans les maisons distribuer des jetons de plomb, vestiges des anciens méréaux de la confrérie. Ces jetons sont échangés à la chambre des Charitables contre un « gâteau de Saint-Eloi » le samedi et dimanche qui suivent leur distribution.

Les Charitables vendent les petits gâteaux de Saint-Eloi à prix coûtant. Cependant, la vente de ces petits plombs est, pour certaines personnes généreuses, l'occasion de faire une offrande plus importante à la confrérie. On compte plus de 20 000 offrandes les meilleures années, c'est ce qui permet aux Charitables d'offrir des gâteaux aux orphelines des Filles de la Charité, aux malades, aux vieillards de l'hospice et aux nécessiteux.

Les Charitables se sont installés en 1802 dans la maison qui était celle du gardien de la chapelle, après la vente de leur précédente chambre qui était la chapelle Saint-Nicolas. Détruite en mai 1918, la maison ou chambre des Charitables a été reconstruite, à peu près au même endroit, en 1926, dans la rue des Charitables. La confrérie possède un objet d'art, *le Bouquet d'argent*, qui est une œuvre d'orfèvrerie conservée à la chambre.

Conformément à un usage ancien, le Cher et Bien Aimé en exercice lit publiquement à Quinty, au cours de la fête anniversaire de la fondation de la confrérie de Béthune et Beuvry (dite procession à Naviaux), le procès-verbal de cette fondation dressé en 1317 par Pierre de Nogent, prieur de Saint-Pry.

La chapelle de Quinty, construite peu de temps après la fondation de la confrérie, était placée un peu plus bas près de la source de Quinty. Démolie à la Révolution, elle a été reconstruite en 1827. Un don généreux du doyen Vallage a permis à son successeur, le doyen Clément-Sy, de la renforcer en 1880 sur les plans de monsieur Degez, architecte. Le monument actuel de la fontaine de Quinty a été inauguré en septembre 1927.

Ce vitrail se trouvait dans l'église Saint-Vaast, placé au-dessus de l'autel de Saint-Eloi. Il a été détruit lors des bombardements de 1918. La partie haute symbolise la rencontre de Germon et Gauthier devant la source de Quinty en 1188, la partie basse la rencontre au même endroit des confréries de Béthune et de Beuvry.

Au VIe siècle, c'est dans le futur quartier de Catorive que la première église paroissiale, dédiée à Marie, fut élevée. Rebâtie en 940 au niveau de l'actuelle place Pasteur, elle est rebaptisée du nom de saint Vaast, patron de la ville. Sous domination espagnole, Charles Quint décide de sa translation à l'intérieur de la cité. L'église de Catorive est rasée, sa remplaçante, de type halle flamande, est surmontée d'un campanile.

La première guerre mondiale ruine tout. Le 18 décembre 1917, au moment du Salut, un chapelet de bombes s'abat sur l'église. La sacristie s'écroule, les vitraux explosent, l'archiprêtre est grièvement blessé alors qu'un enfant de chœur, le chantre et l'organiste sont tués. En avril 1918, une volée d'obus achève l'église qui devient une montagne de ruines.

L'intérieur de l'église Saint-Vaast était de style flamboyant. Les voûtes étaient très plates et d'une portée remarquable. La nef faisait 15,50 mètres de hauteur, pour une longueur de 53 mètres et une largeur de 26 mètres. La dernière restauration datait de 1864. Les vitraux du chœur étaient de vrais chefs-d'œuvre de l'art moderne et représentaient divers sujets de la *Bible* et plusieurs épisodes de la vie de Jésus. La reconstruction, après la première guerre mondiale, laissera place à la fois à la brique et à la mosaïque, à l'art byzantin et au style Art déco.

Le bulletin paroissial *l'Echo de Saint-Vaast* fixe au dimanche 13 juillet 1924 la bénédiction de la première pierre de l'actuelle église, qui fut consacrée le 20 mars 1927 et dont l'orgue de chœur fut inauguré le 19 juin 1927. En mai, le prêtre fait appel à ses paroissiens pour lui *« prêter de l'argent pour un an »* pour pallier l'épuisement de l'emprunt du groupement des coopératives des églises dévastées. Les cloches retrouvèrent leur place grâce à la générosité de parrains, ainsi que plusieurs vitraux.

L'église du Perroy date des premières années du XXe siècle. L'existence préalable du prieuré du Perroy, de la chapelle de Notre-Dame-du-Perroy et du pèlerinage du même nom ne sont certainement pas étrangers à la création d'un deuxième lieu de culte catholique, après la paroisse Saint-Vaast.

Béthune (P.-de-C.) – L'Eglise du Perroy

Le transept et le chœur de l'église Saint-Christophe, patron des voyageurs, ont été bénis par monseigneur Dutoit en mai 1934. L'église du Sacré-Cœur, dans le quartier de la Pierrette rue de Bruay, a été construite en 1953. Son clocher abrite une cloche unique. Le pasteur Farelly, installé à Béthune en 1894, a facilité en 1900 la construction du temple baptiste, place Légillon.

On a compté, au XIXe siècle, 3 communautés religieuses d'hommes, 4 couvents de filles et jusqu'à 24 chapelles à Béthune, dont les principales étaient Perroy, Saint-Vaast, Saint-Ignace, Hôtel de Ville, Saint-Jor et Saint-Eloi. La chapelle de l'hôpital Saint-Pry est une petite église des années trente où les offices furent toujours célébrés, même après la démolition de l'ancien hôpital.

En avril 1918, une volée d'obus achève la destruction de l'église Saint-Vaast. Pendant près de neuf ans, les offices quotidiens, les mariages, les enterrements, et ce jusqu'à la fin de la reconstruction de l'église Saint-Vaast, furent assurés à l'institution Saint-Vaast qui se substitue à l'église, plus exactement Au Bon Théâtre de Béthune, 31 boulevard Kitchener.

7
La vie économique

Chaque année, Béthune était un pôle d'attraction dans toute la région avec le concours agricole et la remise des prix par le comice agricole de l'arrondissement et avec la foire dite aux « Jeunes Gens ». A ces occasions, les Chemins de fer du Nord accordaient le demi-tarif pour les groupes de dix personnes. Arrivée dans la rue d'Arras, la foule se rendait sur les marchés.

Depuis des temps immémoriaux, sur la Grand'Place se tient un marché aux grains le lundi, mais l'accaparement par les grandes usines du commerce des farines et les droits de place ayant encore augmenté en cette fin de XIXe siècle, ils en ont fait diminuer l'importance. Un marché aux légumes et aux fruits, bien approvisionné, a lieu chaque jour de la semaine. Vers 1900, les veaux étaient exposés à la vente le vendredi, devant la mairie.

Tous les marchés sont représentés dans la cité : marché au beurre place Saint-Barthélemy (Sévigné) le lundi, marché de la viande de boucherie au même endroit dès 1867, marché à la volaille place du 73e Régiment. Ici, les gens se rendent place de Lille (place Clemenceau) qui se couvre le lundi de hayons, légers abris de toile sous lesquels sont exposées les étoffes. La vente qui s'y fait atteint un chiffre très élevé et cause un grand préjudice au commerce local déjà accablé d'impôts et de charges.

Sur cette place que l'on appelait le Petit Marché se tenait un marché très important de fils pour fabriquer la toile, industrie qui devint au début du XXe siècle le monopole des grandes manufactures. Le marché à la volaille occupa un certain temps une partie du Petit Marché. A noter que, au XIXe siècle, la petite place de la Mairie avait été affectée au marché de la toile.

Le bâtiment à droite sur la photo est rentré dans le domaine communal par donation de l'abbé Marin du 5 décembre 1828, portant condition expresse d'y tenir un établissement de charité pour le secours aux malades, un orphelinat de jeunes filles et un ouvroir. La place porte aujourd'hui le nom de Jules Senis, né à Béthune en 1860, maire de Béthune de 1907 à 1912, puis de 1919 à 1925, et président du conseil d'arrondissement en 1913.

Le marché au poisson a été agrandi en 1728 grâce à l'acquisition par la ville d'un magasin à tourbe. C'est dans un beau petit pavillon de la place du Marché au Poisson que se faisaient les adjudications de poissons. La plus ancienne poissonnerie de la ville, la Maison Guyot-Orcus, était au n° 4 de la place.

Avant l'établissement du canal d'Aire en 1825, la Lawe venait baigner le pied des glacis des fortifications. L'ancien quai, devenu inutile, fut comblé et son emplacement a formé la place du Rivage sur laquelle se tient, le lundi qui précède le premier mercredi de chaque mois, un franc-marché très suivi.

Au XVIIIe siècle, le marché aux chevaux se tenait à la sortie de la ville, au rond-point formé actuellement par le croisement des rues du Quai et de Lillers, place Ferrer. Au bas du marché aux chevaux, le promeneur remarquait la magnifique grille en fer forgé, provenant du château de Neuilly et décorant l'entrée de la gare de chemin de fer de Lille, dont la concession remonte au 8 mars 1865.

1900, c'est l'époque des photographes ambulants ou de la pose devant un appareil au drap noir sous lequel se cache l'artiste et dont la boîte, au sommet d'un frêle support, se déplie en accordéon. A Béthune, c'est essentiellement grâce à trois photographes locaux et éditeurs de cartes postales, Nolle Delpierre, Fauchois et Singier, que l'on a pu immortaliser toutes ces images du passé.

Le bâtiment, à l'angle de la rue d'Arras et de la place Clemenceau, est de style Renaissance. Avant d'abriter le commissariat de police, il était occupé par la Banque générale du Nord, anciennement Verley-Decroix. Etaient aussi présentes dans la cité la Banque Adam, la Banque populaire des régions libérées, le Comptoir national d'escompte de Paris, le Crédit du Nord, le Crédit lyonnais, la Société générale, toutes situées sur la Grand'Place, la banque Morieux boulevard Victor Hugo, la banque Robert place Légillon et la banque Dupont rue d'Arras.

L'hôtel du Vieux Beffroi a été reconstruit dans les toutes premières années après 1918. Son premier propriétaire était A. Vasseur. Il s'agissait d'un bâtiment ultramoderne pour l'époque, avec chauffage central, électricité, salles de bains, eau chaude et ascenseur. Un service de ville était effectué par le personnel pour les clients. L'arrêt d'autobus face à l'hôtel permettait la liaison avec les trains.

L'hôtel de France, précédemment du Pas-de-Calais, première maison de l'ancienne rue de la Croix Saint-Barthélemy, était en 1789 la propriété et l'habitation d'hiver de monsieur de Génevières de Vielfort, qui fut guillotiné en 1794.

L'hôtel du Nord qui formait l'angle de la Grand'Place et de la ruelle qui conduisait anciennement à l'église des Jésuites (rue Jaurès), a été édifiée en 1536. Le premier relais de poste connu à Béthune, sous le nom de Palais-Royal, était à cet endroit. La façade de l'hôtel du Nord a disparu en 1920, il aurait été alors possible de la sauver comme le furent les façades des places d'Arras.

La proximité de la gare a permis la multiplication des hôtels dans le bas du boulevard Degeorges. L'hôtel du Commerce, au 171, et l'hôtel Guisse-Ponchel, au 153, côtoyaient l'hôtel de la Gare et des Voyageurs face à la gare, tenu par monsieur Bernard, et l'hôtel du Pas-de-Calais tenu par Facon-Haze et qui fit vite place à la gare routière des Autobus Artésiens.

La rue Grosse Tête était une rue où le commerce de l'habillement dominait. Jugeons-en : un tailleur, un marchand de robes et manteaux, une modiste, un chemisier, une chapellerie, un magasin de confection pour hommes, sans oublier le coiffeur Magnier-Patout, les deux chausseurs, Au Succès, et surtout Frémicourt. La fidélité de la clientèle était toujours récompensée : dons d'assiettes publicitaires, chausse-pieds...

L'immeuble abritant le magasin de chaussures Frémicourt est de style Renaissance. Le fronton de la façade porte l'inscription « *Frémicourt, La Mule d'Or, maison fondée en 1886* ». Les insertions publicitaires de l'époque mentionnaient qu'il s'agissait de la seule maison de chaussures à Béthune mettant gratuitement à la disposition de la clientèle un radio-chausseur. La galerie au premier étage du magasin est remarquable.

Le débit de tabac et de journaux Fournier occupait déjà le coin de la rue Grosse Tête avant la première guerre mondiale. Détruit en 1918, il fut reconstruit de façon grandiose. C'est aujourd'hui l'un des immeubles les plus remarquables de la Renaissance. La librairie s'est successivement appelée Fournier-Rocourt, Pouillard-Logier, puis Daquin. L'intérieur de la librairie, avec galerie également, était admirable.

Avant 1914, la librairie Beuvry-Berthe s'appelait Librairie Artésienne. Son emplacement n'était pas au 28 de la rue d'Arras, mais rue des Treilles, face à la petite place de la Mairie. L'enseigne de la librairie qui n'existe plus n'a pas tout à fait disparu puisque, au-dessus de la vitrine du magasin actuel apparaît toujours, en carreaux de céramique, « *Librairie Beuvry-Berthe* ».

Au Grand Bazar du Peuple, 5 rue d'Arras, on trouvait une multitude d'objets, de l'article de ménage au jouet. Sans que l'on parle de pêle-mêle, de fourre-tout ou de bric-à-brac, les bazars à Béthune étaient nombreux : le Béthunois au 12 rue Carnot, le Saint-Vaast au 49 rue Carnot, le Bonini 68 rue Carnot, le Maire 6 rue Carnot, le Courtain-Notre-Dame au 25 rue Carnot, le Brehon 136 boulevard Degeorges, le Camblain 72 rue de Verquin, le Flament 120 boulevard Degerges et le Caulier 122 rue de Lens.

A côté des enseignements officiels et privé, il y avait les écoles professionnelles, l'Ecole académique de musique, rue de l'Université (rue Herriot), avec ses classes de solfège, instruments en cuivre, à cordes et les écoles de coupe des demoiselles Voiseux, au 155 boulevard Degeorges (boulevard Poincaré) et de madame Carpentier-Bernard au 132 du même boulevard.

Maison HALIPRÉ – BÉTHUNE

Plusieurs maisons de commerce assuraient la bonneterie en gros dans la cité : les frères Delton 14 rue d'Arras, Gandi Frères 11 rue du Moulin à Tabac, Ravel-Morel 153 avenue de Sully et Halipré 169 place Clemenceau. Elles approvisionnaient une vingtaine de détaillants dont A la Tentation 6 rue des Treilles, Aux Fabriques Françaises Grand'Place ou la Maison de Paris place Clemenceau. La photo représentant le premier étage de l'entrepôt de gros de la Maison Halipré a servi de support à l'édition de cartes postales dont le recto était consacré à *« l'avis de passage »* des représentants auprès des nombreuses merceries dans chacun des villages de l'Artois. Les articles proposés étaient nombreux, on les lit en haut de chaque rangée : bretelles, soies, démêloirs, peignes, coutellerie, maroquinerie, articles fumeurs, parfumerie, mouchoirs…

MERCERIE ET BONNETERIE EN GROS

BÉTHUNE R. D. C. N° 511

Hector Halipré

Téléphone 169

BÉTHUNE (P.-DE-C.)

PLACE DE LILLE

C / Chèques Postaux Lille N° 8211

Béthune, le 9/12 19..

Maison Delval Rebreuve Doit

Carte d'acheteur textile : N° 227288

Imp. et Publ. LOGIER, Béthune 1585

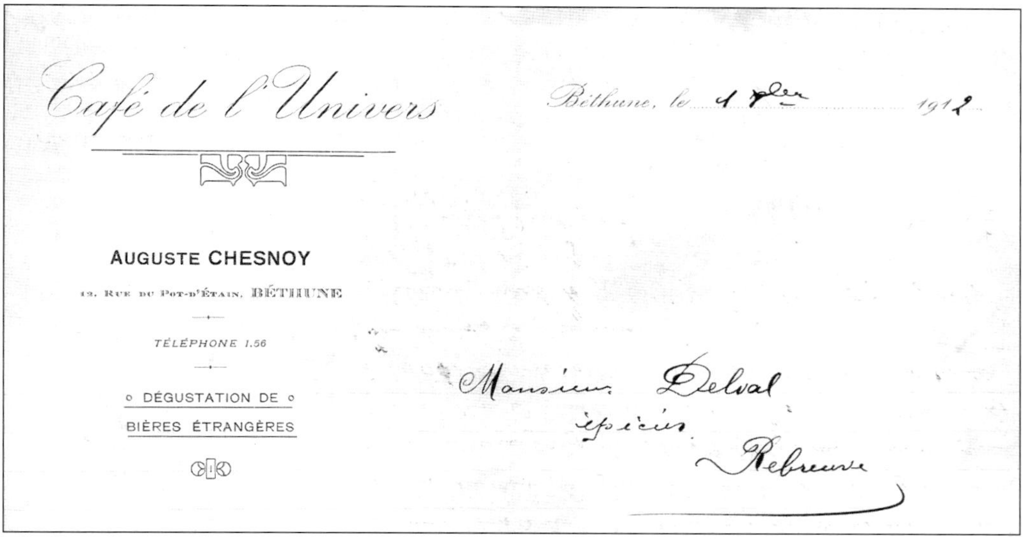

Le café paraît avoir été une spécialité commerciale de Béthune pendant plus de cinquante ans. Dès 1900, le café de l'Univers de monsieur Chesnoy, rue du Pot d'Etain, fournissait le café aux épiciers à l'hectolitre. Le Comptoir Colonial, rue d'Arras, proposait une torréfaction journalière de cafés fins.

Les Etablissements Deloraine ont mis à profit l'image de marque que représentait le beffroi. Les Etablissements Decourcelle avaient installé la plus moderne usine de torréfaction de café Dya existant dans notre région. On trouvait l'enseigne Au Planteur de Caïffa au 128 avenue de Lens.

Cette Maison, qui avait été détruite par faits de guerre en 1918, a été aussitôt reconstruite, mais le commerce cessa rapidement au 32 rue Saint-Pry (et non Saint-Prix comme on peut le lire sur la carte). L'entreprise de menuiserie Despature, au 19 de la rue, a pris le relais.

A l'angle de la rue de Lille et du faubourg d'Arras, la marbrerie Crasquin était la plus ancienne à Béthune. Créée en 1850, elle s'est successivement nommée Maison Mantez, Leroy, Crasquin-Diéval et Clippet-Pontfort. Elle était spécialisée dans la réalisation de monuments funéraires, cheminées, façades et installations de magasins, comptoirs, dessus de meubles, carrelages, en marbre, pierre ou granit.

Les Etablissements A. Cornois, 69 boulevard Thiers, effectuaient gratuitement dans un rayon de 20 kilomètres les livraisons à domicile de meubles, literies, articles de ménage, appareils de chauffage. Les marchands de meubles, en 1920, s'appelaient déjà Blondel, Decanter, Druon, Hanicotte-Duriez, Thorel, des noms qui ont subsisté durant plusieurs générations.

Photo Singier, Béthune

Alors qu'en 1920 la voiture hippomobile prédomine, en 1939 c'est l'automobile. Les années vingt voient l'installation des pompes à essence et les premiers arrêtés municipaux concernant la limitation de la vitesse à 12 km/h pour les automobiles et à 9 km/h pour les camions. L'Automobile-Club se développe et le café du Globe, Grand'Place, recueille ses adhésions.

Les garages se multiplient : Duhem-Leturgie 71 rue du faubourg d'Arras, DuPommier rue E. Haynaut, Grand garage Saint-Vaast, rue Sadi Carnot, Laderrière, enseigne Auto-Garage Béthunois, 26 boulevard Degeorges, et Mizon boulevard Kitchener. La 10 CV Citroën apparaît en série en 1920, suivie de la conduite intérieure Renault en 1927 et de la 5 CV Peugeot-Torpédo en 1928.

Denis Dellisse établit, en 1818 aux Récollets, la première usine pour la fabrication de sucre extrait de la betterave. Début XXe siècle, il y avait deux distilleries et raffineries : l'une, la distillerie du Beau-Marais qui dépendait de la Société des sucreries et distillerie de Saint-Martin-au-Laërt et de Béthune, l'autre la Raffinerie Wallart, rue de Lille, dépendant de la Raffinerie de sucre de Denain. La promotion ventait les produits vendus et mêlait au sucre huiles comestibles, graisses industrielles et essence.

Rue des Treilles, le magasin de confection Bachelet avant la guerre, devenu Saintes après la guerre. La confection a prévalu à Béthune, avec le Pigeon Voyageur, manufacture de vêtements de travail. Premiers en France à installer des chaînes de confection, les Etablissements Appourchaux, qui fabriquaient 4 000 effets par jour, étaient réputés pour leur organisation sociale sous l'égide du comité d'entreprise, à savoir maisons ouvrières, cantine, colonie de vacances, boisson durant le travail et médecine préventive du travail.

Le journal était le privilège des riches car il était cher et sa vente se faisait à l'année, pourtant il va devenir un moyen de communication de masse. Les journaux locaux de l'époque étaient *le Journal de Béthune* dès 1850, *la Revue Artésienne* de 1838 à 1927, *le Patriote de l'Artois* dès 1901, *l'Echo de Béthune* de 1891 à 1899, *le Guetteur Béthunois* en 1912, *le Carillon de Béthune* en 1901, *la Gazette de Béthune* en 1873, *l'Echo de Saint-Vaast*, le bulletin paroissial…

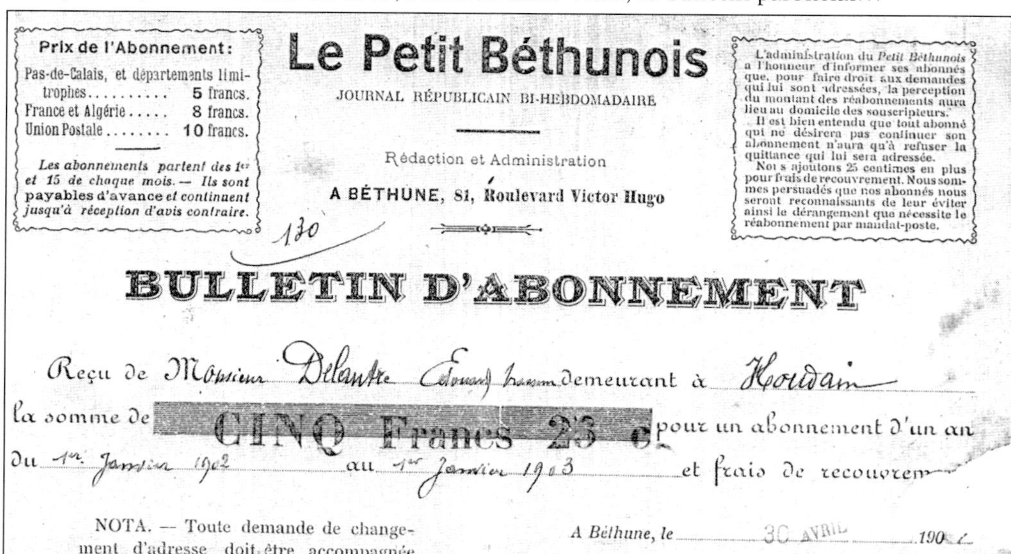

Prix de l'Abonnement :

Pas-de-Calais, et départements limitrophes	5 francs.
France et Algérie	8 francs.
Union Postale	10 francs.

Les abonnements partent des 1er et 15 de chaque mois. — Ils sont **payables d'avance** *et continuent jusqu'à réception d'avis contraire.*

Le Petit Béthunois

JOURNAL RÉPUBLICAIN BI-HEBDOMADAIRE

Rédaction et Administration

A BÉTHUNE, 81, Boulevard Victor Hugo

L'administration du *Petit Béthunois* a l'honneur d'informer ses abonnés que, pour faire droit aux demandes qui lui sont adressées, la perception du montant des réabonnements aura lieu au domicile des souscripteurs.

Il est bien entendu que tout abonné qui ne désirera pas continuer son abonnement n'aura qu'à refuser la quittance qui lui sera adressée.

Nous ajoutons 25 centimes en plus pour frais de recouvrement. Nous sommes persuadés que nos abonnés nous seront reconnaissants de leur éviter ainsi le dérangement que nécessite le réabonnement par mandat-poste.

130

BULLETIN D'ABONNEMENT

Reçu de Monsieur Delantre Edouard [illegible] demeurant à Houdain

la somme de CINQ Francs 25 c pour un abonnement d'un an

du 1er Janvier 1902 au 1er Janvier 1903 et frais de recouvrem

NOTA. — Toute demande de changement d'adresse doit être accompagnée d'une des dernières bandes et de 50 centimes en timbres-poste.

A Béthune, le 30 AVRIL 1902

LE DIRECTEUR,

…. sans oublier *le Petit Béthunois*. Eugène Haynaut participa en 1880 à la création de ce journal dont il fut à la tête avec Marmottan, le président du Conseil de la Compagnie des mines de Bruay. L'un des premiers rédacteurs du journal fut Jules Logier, qui effectuait aussi tous les travaux de lithographie, typographie et photogravure. Le journal républicain le plus ancien de la région céda la place en 1953 à *l'Avenir de l'Artois*.

Les Etablissements Leroy-Poirier, fondés en 1875 et installés rue de l'Industrie, étaient spécialisés dans les engins de traction rail-route, les futailles en gros pour brasseurs et toutes industries, les fûts métalliques en tout genre, les soudages autogènes et électriques. Leurs chantiers sont desservis par la gare SNCF de Fouquereuil.

L'Horlogerie et l'usine Æquitas ont été créées en 1906 pour ensuite fusionner et devenir la Manufacture de Béthune, dans une rue qui porte le nom d'une famille ayant marqué l'histoire industrielle de la ville : Edouard Outrebon, fondateur de ces entreprises. La raison sociale figure toujours sur le fronton du bâtiment.

MANUFACTURE D'HORLOGERIE DE BETHUNE

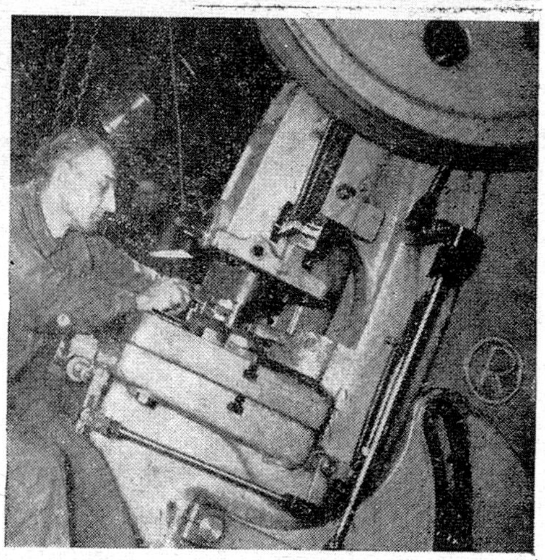

MONTAGE

DECOUPAGE

DECOLLETAGE

L'Horlogerie, c'est la fabrication de pendules, réveils, pendulettes, matériel de pesage de charbon, de ciment en sacs, pesage de viande à La Villette à Paris, pesage de bobines pour papeterie, pesage dans les magasins d'expédition des usines. Æquitas, c'est la fourniture de balances automatiques, totalisatrices et enregistreuses supportant de 50 kilos à 100 tonnes, pour les commerçants ou les grandes entreprises.

BASCULES AUTOMATIQUES

ÆQUITAS

Siège social et Usines : 170, Faubourg d'Arras
à **BETHUNE** - (P.-de-C.) - Tél. : 351

Distributeurs pour la Belgique
Ets Dalimier et Cie à SCLESSIN

BASCULES AUTOMATIQUES :

ENREGISTREMENT EN CHIFFRES sur tickets et sur bande, compteur, totalisateur, composteur, numéroteur, dateur.
TOUTES FORCES de 20 kgs à 120 tonnes.
TOUTES DIMENSIONS et
Précises et robustes elles répondent parfaitement aux multiples besoins industriels et commerciaux.

BASCULES ENSACHEUSES AUTOMATIQUES ET BASCULES A PESEES CONSTANTES :

Pour ensachage et dosage de tous produits.

PESAGE DE CAMION (S.N.C.F.)

Avant la première guerre mondiale, Edouard Outrebon achète un brevet concernant une bascule à curseur auto-moteur déposé par trois ingénieurs résidant en Belgique et en France. Il le confie à Alfred Habourdin pour réaliser le premier prototype puis créer une fabrique sous le nom Æquitas.

71 BÉTHUNE. — Le Moulin d'Annezin. — LL. Edition Fauchois, Béthune

Le moulin du Castel a été détruit au Moyen Age. A la fin du XIXe siècle, on comptait deux moulins : celui au bas de la rue Saint-Pry et le moulin d'Annezin. Sur son parcours, la Lawe faisait fonctionner vingt moulins, surtout à blé. La Société des moulins de Béthune était installée rue du Pont Neuf (Lamendin). Le bâtiment construit en 1882, quasi détruit en 1918 et reconstruit depuis, a une capacité de production de 330 quintaux/jour.

Edition F. R. 108 — BÉTHUNE - Ouvriers Mineurs

La première voiture de charbon extrait de la fosse 9 de Nœux a fait son entrée à Béthune le 22 février 1852 : les mineurs, vêtus de leur costume officiel, portant à leur casque une petite lampe allumée qui leur sert de guide lorsqu'ils sont dans la fosse, accompagnaient le char et distribuaient le combustible.
Un seul puits a été exploité sur le territoire de Béthune : le n° 10, foncé en 1910 et arrêté en 1915. A l'extrémité du faubourg d'Arras, la cité du 8 ter a été construite à la fin des années vingt.

8
La vie militaire

Béthune (P.-de C.) — Hospice Civil et Militaire

A une époque reculée, un hospice avait été fondé rue Saint-Pry, sous le patronage de saint Jean. La direction en avait été confiée à quatre sœurs de la Madeleine, dites repenties, appelées madelonnettes. L'administration de la guerre a transféré, en 1792, l'hôpital militaire au bas de la rue Saint-Pry dans l'ancien couvent des Conceptionnistes. L'hospice civil fut réuni à l'hôpital militaire le 4 janvier 1801, en haut de la rue Saint-Pry.

La caserne Saint-Jorre ou Saint-Jor, devenue caserne Montmorency, a été construite en 1722. Elle servit en 1793 à enfermer les suspects. En juillet 1866, la caserne Saint-Jor, en cette période où les locaux étaient disponibles, servit d'annexe à l'hôpital pour le traitement des cholériques. L'école Sévigné fut, après la première guerre mondiale, construite sur l'emplacement de cette caserne.

Près de l'entrée de la caserne Montmorency, impasse Saint-Jor, se trouvait une chapelle qui avait été élevée en l'honneur de saint Jor en 1033, à l'endroit même où celui-ci était mort, soit sur l'emplacement de la maison contiguë à celle attenante à la caserne. C'était un lieu de pèlerinage assez fréquenté.

L'origine de la caserne Chambord, auparavant caserne Magnac, est inconnue. Monsieur de Magnac, lieutenant-général des armées du roi, logeait dans le corps des bâtiments sud de cette caserne à laquelle on donna son nom. L'arrêté du 12 septembre 1793 lui substitua celui de La Fraternité.

Les troupes casernées à Chambord et à Montmorency avaient accès directement sur le Champ-de-Mars, champ de manœuvres dans les dépendances duquel on a construit le magasin à poudre régimentaire, la manutention et un gymnase pour la garnison. Les dépenses des casernes, en particulier pour l'ameublement, étaient couvertes par l'impôt des 24 sous par tonneau établi sur la bière consommée en ville.

Des casernes royales du XVIIIe siècle, il ne subsiste qu'un pavillon Chambord près de l'ancienne Charité, orphelinat du XIXe siècle, et situé rue Fernand Bar. Derrière la caserne fut inaugurée, le 24 mars 1925, la cité Bristol, en présence d'une délégation de la ville du même nom. Sur la plaque d'une maison, on lisait : *« Don des citoyens de Bristol (Angleterre) en souvenir d'une sincère fraternité d'armes pendant la guerre 14-18 »*.

La caserne La Feuillade, précédemment Saint-Vaast et sous la Révolution caserne de l'Union, a été construite en 1692 sur le terrain provenant de la dame Lachapelle et acheté par les échevins. Au premier étage du pavillon principal, un cartouche représentait le soleil de Louis XIV avec la devise *« Nec pluribus impar »* et plus bas : *« Cartier de Saint-Vaast, 1692 »*. La caserne occupait l'angle de la rue des Martyrs et de la place Saint-Vaast appelée autrefois le Marché au Beurre de Pot.

BÉTHUNE. - Rue des Treilles L. Darras, édit.

Ce militaire à cheval vient de fréquenter la confrérie des Archers au 60 rue Saint-Pry, où la vaste propriété comprenait un bâtiment profond, parfaitement disposé pour les exercices de tir. Ce bâtiment avait été affecté au service de l'artillerie pour servir de magasin d'armes. Il y avait aussi le stand de la société de tir les Volontaires Béthunois, rue du Tir. Le 13 mai 1928 est inauguré, sous la présidence de monsieur Mametz, président d'Honneur et Patrie, le stand de la société d'éducation physique et de préparation militaire.

12 — BÉTHUNE - Un côté de la Grand'Place

Nolle-Delpierre, Editeur, Béthune

Les lignes de pavés savamment espacés facilitaient la tâche des officiers pour les revues, chaque 14 Juillet, de notre belle garde nationale sur la Grand'Place. La garnison de Béthune anime beaucoup la vieille cité. Les bataillons du 73e régiment de ligne logent en ville dans les casernes, défilent dans les rues ou sur le Champ-de-Mars, s'entraînent sur ce même terrain, aujourd'hui centre sportif.

En 1919, à Béthune, sur 3 897 maisons, 1 000 sont détruites et 1 000 autres sont à abattre ou inhabitables. Le 28 décembre 1919, le président de la République, Raymond Poincaré, remit à la ville la croix de la Légion d'honneur et la Croix de guerre. En 1914, les combats sont très rapidement d'une rare violence. Le front s'établit dans la campagne du Bas-Pays, à proximité de la ville qui ne fut jamais occupée par l'ennemi. 1918 est pour le centre-ville l'année fatale : les bombardements d'artillerie détruisent tout.

Peu de secteurs échappèrent au désastre, une ou deux rues, quelques bâtiments tels l'hôtel de Beaulaincourt alors tribunal, la caserne Chambord, l'orphelinat de la Charité, la caserne Saint-Pry ou la tour Saint-Ignace. Qui reconnaît, en haut, la rue Sadi Carnot, la prison dans le fond et, en bas, la rue Gambetta vers la place du 73e Régiment ? Le 3 octobre 1920, le drapeau est remis par le maréchal Pétain à l'Union béthunoise des soldats de la Grande Guerre, avec la participation de 150 sociétés.

Le 12 juillet 1927, le projet du monument aux Morts de la ville de monsieur Alleman est retenu. L'architecte est monsieur Boutry, de Lille. La dépense prévue est de 10 millions de francs de l'époque. Ce monument est inauguré le 11 novembre 1928 et on peut y lire la liste du lourd tribut payé par la commune : 557 soldats et 97 civils tués.

Le 28 mai 1933, c'est l'inauguration du monument aux Morts des 73e, 273e et 6e régiments en présence du général Duchêne et avec la participation de 64 sociétés. Durant la période 1919-1939, on procède dans chaque commune à l'élévation d'un monument à la mémoire des soldats tués ainsi qu'à la gloire des soldats alliés tombés dans notre région. Les tombes des militaires, regroupées dans les cimetières communaux, sont régulièrement entretenues.

Durant la seconde guerre mondiale, Béthune connut l'occupation allemande, mais la ville subit moins de destructions. Depuis le 27 avril 1944, Béthune est bombardée, la gare et le dépôt sont visés. Le 29 avril, 46 corps sont déposés à l'école primaire supérieure, place Clemenceau. On compte 8 morts supplémentaires le 30 et, le 2 mai, 54 cercueils sont disposés devant l'église Saint-Vaast. Le 4 septembre, les Allemands évacuent la ville et les premiers motocyclistes anglais font leur entrée. Les cloches des églises et le bourdon du beffroi annoncent la Libération.

Le 9 juillet 1779, un terrain appartenant au chapitre de Saint-Vaast, au faubourg de Catorive, est béni pour accueillir un cimetière pour les habitants des paroisses de Saint-Vaast et de Saint-Barthélemy. Le 18 octobre 1840, un calvaire est inauguré au cimetière nord. Le comité de Béthune du Souvenir français a été fondé en 1943, demeuré volontairement dans l'ombre pendant l'Occupation. Il a recueilli, à partir de 1945, plus de 600 adhésions des Béthunois.

9
La vie locale

Le café Maillart, à gauche de l'hôtel de ville, est le siège du CVB, le Club vélocipédique béthunois, créé en 1888. A cette époque, on trouvait des bicyclettes à l'Agence générale vélocipédique J. Trion, Grand'Place, ou à celle tenue par monsieur Nezeloff rue du Rivage (rue Albert Ier). Le café Maillart était aussi un cabaret artistique décoré par un certain Faverot où l'on dégustait volontiers la bière Dewynter de la brasserie de la Porte Neuve, installée depuis 1837.

49 BÉTHUNE. — Un Coin du Jardin des Sports. — LL.

Le stade Béthunois est fondé en 1903. La société de gymnastique La Française est créée en 1905 sous la présidence du docteur Boutleux. Le Jardin des Sports, inauguré le 29 mai 1910, est le siège de la Société hippique qui organisait une réunion annuelle le premier dimanche d'août. En juillet 1927 eurent lieu au Jardin des Sports des fêtes à l'occasion du Salon international d'art photographique. Une grande fête sportive accompagna l'inauguration du nouveau stade municipal rue Fernand Bar, le 19 août 1933.

Nolle-Delpierre, éditeur, Béthune 25 — BÉTHUNE - Entrée principale du Jardin Public

Le jardin public est situé sur les anciens marécages entourant le château de Béthune. Construit en 1875, le kiosque, dans l'axe de la grille, constitue la réplique exacte du kiosque du jardin de la Pépinière à Nancy. Alliance du fer et de la fonte, il annonce le style dit nouille, variante de l'Art nouveau. Le kiosque et ces quatre grilles, une grille par côté au carré, sont inscrits à l'inventaire des Monuments historiques depuis 1975. La belle avenue Rouget de Lisle précède l'entrée principale du jardin public.

On a rassemblé dans un coin du jardin public des pierres provenant de la démolition des fortifications et présentant un certain cachet historique, telles l'inscription qui surmontait la porte Saint-Pry, une pierre représentant un arbre et datée 1530 de la porte d'Arras, une pierre représentant les insignes de la Toison d'or de 1560 provenant de la porte du Rivage. Remarquable pour son aménagement, le jardin a toujours été agréable à fréquenter depuis 1875.

Les concerts à Béthune, à la belle saison, ont lieu tous les dimanches et jours de fête. Ils sont donnés par les sociétés locales, par la Musique du 73e régiment, de 1874 à 1914, et sous la direction de Charles Naninck durant vingt ans (sa statue est dans le jardin public). Les programmes très éclectiques formaient un véritable tableau musical avec en proportion étudiée l'exécution de musiques classique, légère et populaire, telles les œuvres d'Offenbach (*la Fille du Tambour Major*), Verdi (*la Traviata*).

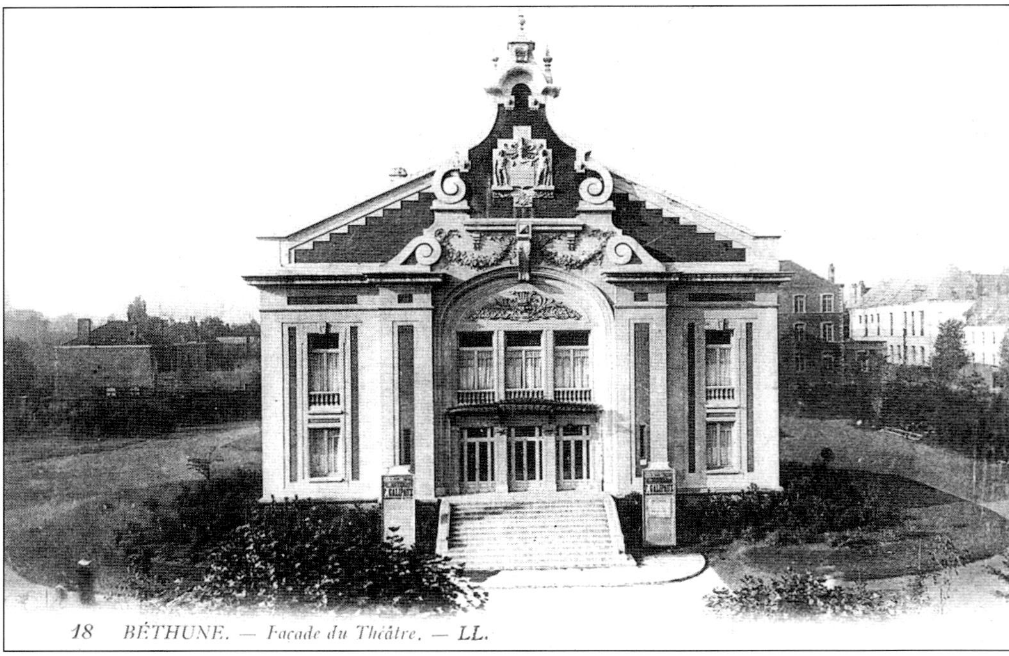

En 1870, le théâtre constituait l'un des rares moyens de culture, de divertissement et d'évasion de la vie quotidienne. Initialement, le théâtre était installé, certes provisoirement, dans l'ancien magasin à poudre près de l'Esplanade, place Foch. Puis, les spectacles sur scène, théâtre, opéra ou opérette, malgré la concurrence du cinéma naissant, ont les faveurs des Béthunois dans ce théâtre municipal de 900 places, inauguré en 1912, endommagé pendant la première guerre mondiale, rénové et rouvert en 1929.

L'école de natation avait été établie par le maire Dellisse-Engrand, en 1871, lors de l'arasement des remparts, dans un bastion traversé par la Blanche, affluent de la Lawe. Ce bastion dominait le secteur marécageux nommé Les Houches, dans le boulevard Thiers (boulevard Jean Moulin). De toute la région, il faut aller à Béthune où des compétitions de natation sont organisées. Le 13 juillet 1902 eut lieu une grande fête nautique avec un mariage sur l'eau.

Il fallait vraiment être sûr de sa présence, côté communal, et de sa fidélité, côté madame Lestienne, pour imprimer de telles cartes postales avant 1914. Madame Lestienne, qu'on ne pouvait pas confondre avec quelqu'un d'autre, a été fidèle plusieurs décennies à la foire de Béthune qui s'ouvrait le 16 mars et durait dix jours, pour proposer à chacun son immuable pain d'épice et ses confiseries.

Le Nougat Henri avec, comme toile de fond le vieux beffroi et le Crédit lyonnais, a aussi foulé le pavé de la Grand'Place pendant longtemps. Sa place était immuable, une véritable institution. La foire annuelle accueillait aussi des manèges, des chevaux de bois, des balançoires, celles où les jeunes gens mettaient un point d'honneur à toucher la planchette à grands renforts de coups de reins. Etaient aussi présents les palais, les ménageries, les théâtres ambulants, les jeux loteries, les tirs et le bal monté.

Lors des fêtes du centenaire du collège, le 18 juin 1905, après les discours une collation fut offerte dans la cour du collège à 17 heures et un souvenir fut remis aux élèves des écoles primaires qui, heureux de faire les honneurs de leur maison, servent ce jour-là avec beaucoup d'empressement et de bonne grâce leurs camarades du collège. Le souvenir remis aux enfants des écoles laïques et que tous garderont précieusement est l'attestation que chacun d'eux a participé aux fêtes du centenaire.

Le mardi de Pentecôte 1862, un ballon, le premier que l'on vit à Béthune, partit de la Grand'Place dirigé par une Anglaise accompagnée d'un jeune homme de la localité. La descente effectuée à Saint-Floris ne fut pas des plus heureuses. Lors des fêtes du centenaire du collège en 1905, la fête aérostatique vit, le 18 juin sur la Grand'Place, à « *6 heures et demi* », le départ du ballon *L'Université* monté par monsieur et madame Tiberghien, aéronautes à Douai. De fait, il s'agissait d'une fête universitaire et républicaine.

De tout temps, les populations ont commencé à se grouper près des rivières où elles trouvaient l'eau nécessaire à leur alimentation et un débouché pour leurs produits. A Béthune, la Lawe n'était accessible qu'aux petits bateaux. Dans le but de se mettre plus directement sous la protection du château, les habitants de Catorive montèrent sur la colline qu'ils entourèrent de fossés avec palissades et ils se procurèrent l'eau grâce à une dérivation de la Lawe à Gosnay.

Au début de janvier 1925, avec les pluies diluviennes et continues qui tombent depuis une semaine, la petite rivière Lawe a pris l'allure d'un fleuve, ses digues volent en éclats et Catorive est inondée. Avant l'établissement du canal d'Aire, la Lawe n'était accessible à la navigation qu'au moyen de petites écluses appelées « rabats » qui s'ouvraient et se fermaient deux fois par semaine pour le passage des bateaux, d'où l'origine du nom de la rue du Rabat.

Le 11 août 1945, le président du gouvernement provisoire de la République, le général de Gaulle, arrive à Béthune à 17 h 30 après s'être arrêté à Bruay. Il remonte, debout dans sa voiture, le boulevard Poincaré face au cinéma Caméo. Les honneurs militaires lui sont rendus devant la sous-préfecture, puis à l'hôtel de ville. La journée se termine par un banquet offert par la municipalité à l'hôtel du Vieux Beffroi avant que le général ne quitte Béthune vers 22 h 30 pour Bergues, par train spécial.

Béthune n'a pas été occupée par les troupes allemandes durant la première guerre mondiale. Cependant elle en sort totalement meurtrie. Seul un témoin du passé a résisté : le fier beffroi, toujours debout. L'heure est aux idées modernistes, comme celle qui débarrasse le beffroi de ses maisons accolées. Le 15 avril 1929, c'est la montée des cloches dans la tour du beffroi restauré. *Vigilante*, la plus grosse, pèse 1,37 tonne. Le 18 août 1929, c'est l'inauguration du carillon du beffroi : la ville est pavoisée, illuminée.

Après les bombardements incendiaires d'avril 1918, une cloche broyée et partiellement fondue a été retrouvée dans les décombres au pied du beffroi décapité, crevassé, mais encore debout. La cloche mutilée est conservée à l'hôtel de ville comme témoin des ruines accumulées pendant les quatre années de la première guerre mondiale. La grosse cloche, dite d'alarme, placée en 1576, donnait le *do dièse*. La cloche du couvre-feu, dite des Vignerons, a un tintement qui annonçait l'heure de fermeture des cabarets et donne le *fa dièse*. Le carillon est en *sol majeur*.

Le carillon du beffroi rythme le quotidien des Béthunois chaque quart d'heure. En 1546, *« l'accord de six cloches »* fut complété par Charles Quint avec d'autres cloches provenant de Thérouanne. La ville avait alors son carillonneur et son horlogeur. Les vieilles cloches furent remplacées par un carillon de 36 cloches en 1773. Le nouveau carillon, composé de 36 cloches et clochettes pures comme le cristal, harmonieuses et sonores, d'une justesse incomparable, a été inauguré le 8 juillet 1951 et rénové en 1998.

Remerciements

Comme à l'accoutumée, je remercie vivement mon ami Philippe, de Rebreuve, pour la qualité de son travail logistique dans la réalisation de cet ouvrage.

Bibliographie

Histoire de la ville de Béthune par Eugène Béghin.
Les Rues de Béthune par Eugène-Constant Béghin.
Guide de l'arrondissement de Béthune par la chambre de commerce de Béthune.